BLV Garten- und Blumenpraxis

301 Gartenblumen
302 Gartenarbeit richtig gemacht
303 Kakteen und andere Sukkulenten
304 Bonsai
305 Ziergehölze
306 Obstbaumschnitt
307 Obstanbau im eigenen Garten
308 1×1 der Hydrokultur
309 Blattpflanzen für jede Wohnung
310 Gartengestaltung
311 Gemüseanbau im eigenen Garten
312 Gestalten mit Blüten und Blumen
313 Steingärten
314 Der gesunde Gartenboden
315 Biologischer Pflanzenschutz
316 Balkon- und Terrassengärten
317 Rosen
318 1×1 des Bio-Gärtnerns
319 Der Garten in den Jahreszeiten
320 Der naturgemäße Kräutergarten
321 Der Heidegarten
322 Gärtnern mit Kindern
323 Orchideen für zu Hause
324 Wassergärten
325 Rasen, Wiese, Bodendecker
326 Beerenobst für jeden Garten
327 Gärtnern im Kleingewächshaus
328 Naturnahe Gärten
329 Blumenbeete und Rabatten richtig gestalten
330 Mischkulturen für Flach- und Hügelbeete
331 Kletterpflanzen
332 Die schönsten Kübelpflanzen
333 Hecken für jeden Garten
334 Der Kleingarten
335 Nützlinge und Schädlinge im Garten
336 Grabgestaltung
337 Der liebe Nachbar
338 Mehr Freude an Schnittblumen
339 Gartenhäuser
340 Der Weinstock am Haus
341 Palmen für Haus und Garten
342 Tiere im Gartenteich
343 Pflanzenaussaat mit Erfolg
344 Grün auf kleinen Dächern
345 Ziergehölze richtig gepflegt

BLV Garten- und Blumenpraxis

Peter F. C. Wolff

Richtig düngen im Hausgarten

BLV Verlagsgesellschaft
München Wien Zürich

CIP-Kurztitelaufnahme der Deutschen Bibliothek

Wolff, Peter F.C.:
Richtig düngen im Hausgarten / Peter F.C. Wolff. –
München; Wien; Zürich: BLV Verlagsgesellschaft, 1987.
(BLV Garten- und Blumenpraxis; 346)
ISBN 3-405-13455-2

NE: GT

Bildnachweis

Titelfoto: Martin Stangl
Zeichnungen: Kartographie Huber, München
Apel: 80, 98 u, 124
BASF: 28 or, 30 u, 34 o, 35 l, 42 o, 44, 102, 106 ol, 112 ol, 112 ul, 113, 116 m
Prof. Bergmann: 29 gol, 28 ol, 28 ml, 28 gul, 28 ur, 32 mr, 36 o, 37 o, 37 u, 38 o, 38 u, 39 o, 39 u, 41 o, 41 u, 47 ol, 47 ul, 47 ur, 88, 89 u, 103, 104, 105, 106 ml, 106 ul, 106 r, 112 ul, 112 mr, 112 ur, 116 go, 116 o, 116 u, 123
Burchardt: 10 o, 20, 58, 62, 74
Burda: 6, 68, 90
Felbinger: 18 u, 98 o, 122
Graff: 18 o
Henseler: 34 u, 121
Himmelhuber: 100
Kali und Salz AG: 42 u, 59, 91, 92, 93
Karl: 9
Kemmler: 64
Kopp: 27, 32 ur, 76, 79, 107, 118
Reinhard: 2, 24, 26, 61, 86, 110
Sammer: 16, 120
SKW Trostberg AG: 54
Stangl: 48
Stein: 321
Lehrstuhl für Pflanzenernährung, Technische Universität München: 30 o, 32 or, 35 r, 36 u, 38 m, 39 m, 47 or, 89 o, 112 gol, 112 or
Wolff: 75

BLV Garten- und Blumenpraxis 346

Gesamtherstellung: R. Oldenbourg, München

Printed in Germany · ISBN 3-405-13455-2

Inhalt

7 Einführung

Wie werden die Nährstoffe angeboten? 8

9 Boden

Was ist Boden? 9
Die Bodenarten 10
Bodenverbesserung 14

15 Humus

Warum ist Humus so wichtig? 15
Wie Humus entsteht 17
Was Humus alles bewirkt 21

23 Nährelemente

Die einzelnen Nährstoffe 23
Der Stickstoff (N) 23
Phosphor (P) 25
Kalium (K) 27
Magnesium (Mg) 30
Kalzium (Ca) und Kalk 31
Die Spurenelemente 35
Nützliche Elemente 40

42 Mangelsymptome

Wie erkennt man Ernährungsstörungen? 42

49 Düngemittel

Wie kann man eine Pflanze ernähren? 49
Verschiedene Düngemittel vorgestellt 52
Mineralische Mehrnährstoffdünger 52
Einzeldünger 53
Organische Düngemittel 60
Organisch-mineralische Dünger 65
Wie bewertet man Düngemittel 65

69 Kompost

Die Kunst des Kompostierens 69
Was kann kompostiert werden? 71
Die Verrottungsvorgänge 75
Wann ist Kompost »fertig«? 75
Die Wirkung des Komposts im Boden 76
Kompostierung nach der biologisch-dynamischen Wirtschaftsweise 79

81 Gründüngung

Pflanzen als Bodenverbesserer 81

87 Mangelerscheinungen beheben

Das richtige Düngen 87
Koniferen und Laubgehölze 91
Obstbäume und Beerenobst 99
Gemüse 111
Azaleen und Rhododendron 121
Stauden 123

126 Register

Einführung

Wir werden uns in diesem Buch mit der Frage beschäftigen, wie Sie in Ihrem Garten die dort wachsenden Pflanzen am besten ernähren können, um möglichst viele gesunde Früchte oder zahlreiche Blüten zu erhalten.
So wie ein menschliches Wesen zu einer gesunden Entwicklung nicht nur Nahrung im weitesten Sinne benötigt, so brauchen auch unsere Pflanzen noch etwas mehr. Vor allem wird zu einem gesunden Wachstum Licht benötigt. Das Licht ist ursächlich verantwortlich für den komplizierten Prozeß der Photosynthese, der Bildung des grünen Farbstoffs Chlorophyll und einiger anderer, für das Leben der Pflanze wichtigen Stoffe z. B. Glucose.
Für ein gesundes Wachstum benötigen unsere Pflanzen natürlich Wärme, denn fast alle Pflanzen wollen nach dem alten Gärtnergrundsatz wachsen: »Warmer Fuß und kühler Kopf«. Außerdem benötigen die Pflanzen Kohlendioxyd (CO_2), das sie über die Blätter aufnehmen. Über die Wurzel nehmen die Pflanzen den Sauerstoff, das Wasser und die uns in diesem Buch besonders beschäftigenden mineralischen Nährstoffe auf. Um den Pflanzen Nährstoffe zuzuführen, verwenden wir die verschiedensten Dünger. Für eine ausreichende Versorgung mit Licht kann man durch eine sorgfältige Bepflanzung sorgen, so daß alle im Garten lebenden Pflanzen genügend Licht erhalten. Zu diesem Zweck kann es erforderlich sein, manchmal in alten Gärten kräftig »auszuforsten«, um wieder genügend Licht und Luft für alle Pflanzen zu schaffen. Für genügend Wärme kann ich in einem Garten durch die richtige Anordnung der Pflanzen sorgen und unter Umständen durch eine Windschutzpflanzung oder durch das Abdecken empfindlicher Kulturen mit Mulch, Reisig oder Folie.
Die günstigere Aufnahme von Sauerstoff und Wasser erreiche ich durch eine Verbesserung der Bodenstruktur, d. h. durch Vergrößerung des Porenvolumens. Damit geht eine verbesserte Aufnahme der verschiedenen Nährstoffe einher. Darüber nun mehr auf den folgenden Seiten.

Wie ernährt sich eine Pflanze?
Pflanzen zu »ernähren« heißt, sie mit einer Reihe von Nährstoffen zu versorgen. Als Nährstoff bezeichnet man die von den Pflanzen aufnehmbaren Stoffe, die für ihr Wachstum, ihre Blüte und Fruchtbildung, also für ihre Existenz erforderlich sind.
Die Zahl der Nährstoffe ist recht groß. Sie sind z. T. mineralischen Ursprungs, d. h. anorganisch, oder tierischen und pflanzlichen Ursprungs, d. h. organisch.
Die vielen möglichen **Nährstoffe** enthalten als wesentliche Bestandteile die **Nährelemente.** Sie sind die Anteile der Nährstoffe, die tatsäch-

lich von der Pflanze verwertet werden. Wir wissen, daß Kulturpflanzen ca. 16 Nährelemente benötigen, um gesund wachsen zu können.
Von diesen 16 Nährelementen gehören 3 Elemente zu den sogenannten Grundbaustoffen der organischen Substanz.
Es sind dies:
Kohlenstoff (C)
Wasserstoff (H)
Sauerstoff (O)
Diese Stoffe sind praktisch unbegrenzt in der Luft und im Wasser enthalten. Sie spielen daher für die Düngung keine Rolle.
Außerdem gehören noch 13 mineralische Nährelemente dazu, die in Hauptnährelemente und Spurenelemente unterteilt werden.

Hauptnährelemente:
Stickstoff (N)
Phosphor (P)
Kali (K)

Diese Elemente werden auch als Kernnährelemente bezeichnet. Sie werden von der Pflanze in größeren Mengen benötigt und sind daher in fast allen handelsüblichen Mineraldüngern enthalten, die auch als NPK-Dünger bezeichnet werden.

Spurenelemente:

Eisen (Fe)	Chlor (Cl)
Mangan (Mn)	Bor (B)
Zink (Zn)	Molybdän (Mo)
Kupfer (Cu)	Schwefel (S)

Spurenelemente sind ebenso lebenswichtig für eine Pflanze wie Hauptnährelemente. Im Gegensatz zu diesen werden sie aber, wie ihr Name schon sagt, nur in sehr geringen Mengen von der Pflanze benötigt.

Wie werden die Nährstoffe angeboten?
Nährstoffe liegen in zwei verschiedenen Formen vor: entweder als Moleküle, wie sie der Pflanze z. B. im Kohlendioxyd = CO_2 oder dem Wasser = H_2O angeboten werden, oder als elektrisch geladenes Teilchen der Bodenlösung. Diese Teilchen bezeichnet man als Ionen.
Auf dieser Grundlage, die zwar ein Modell darstellt, sich aber in der Praxis zum Nachweis bestimmter Theorien der Pflanzenernährung gut bewährt hat, beruht das gesamte Prinzip der Pflanzenernährung. An der Tatsache, daß Pflanzen Nährstoffe nur in der Form von Ionen aufnehmen können, geht kein Weg vorbei, und alle noch so gut gemeinten Erklärungen sind für die Erläuterung der Phänomene der Pflanzenernährung wenig hilfreich.
Es gilt also der Grundsatz, daß alle Nährstoffe, die wir einer Pflanze zuführen wollen, erst in die sogenannte Ionenform überführt werden müssen, bevor sie dann mit Hilfe des Bodenwassers durch die Pflanzenwurzeln aufgenommen werden können.

Was ist Boden?

Aus unbelebtem Gestein hat sich aufgrund ständiger Einwirkungen von Wärme und Kälte, Wasser, Licht und der Luft Boden gebildet. Die verschiedenen Kräfte haben das Ausgangsgestein so weit verändert, daß der daraus entstandene Boden tierischen Organismen und Pflanzen als Lebensgrundlage dienen kann. Boden besteht nicht nur aus totem Material, er enthält auch sehr viele lebende Organismen. In 1 Handvoll Gartenerde finden wir mehr als 4 Milliarden Lebewesen. Diese Bodenlebewesen ermöglichen viele Vorgänge im Boden, wie z. B. die Humusbildung und die Freisetzung von Stickstoff. Sie sind ein wesentlicher Teil des Bodens. Ihre Tätigkeit ist für die Erhaltung der Fruchtbarkeit des Bodens sehr wichtig.

Böden bestehen aus einer Vielzahl von verschiedenen Bestandteilen, die so unterschiedlich sind, daß es nur sehr schwer möglich ist, Böden generell zu beschreiben.
Jeder Boden ist ein Individualist, es ist daher dringend erforderlich, daß man den Boden seines eigenen Gartens genau kennt, damit man weiß, was dem Gartenboden zuzumuten ist und was man erreichen kann.

pH-Wert

Die beste Bodenuntersuchung und die noch so sichere Beurteilung eines Gartenbodens mit der Fingerprobe sind wertlos, wenn nicht eine Maßzahl für die Beurteilung des Bodens bekannt ist, der pH-Wert.
Er ist das Maß für den Kalkzustand des Bodens und zeigt an, ob der Boden sauer, neutral oder alkalisch reagiert. Bei einer im Labor durch-

An einem Fluß kann man gut beobachten, wie durch Wasser Steine zerkleinert werden.

Boden

Ein pH-Meßgerät.

geführten Bodenuntersuchung wird der pH-Wert stets mitbestimmt und auf der Analyse mitgeteilt. Man kann diesen Wert aber mit einfachen Mitteln selbst bestimmen, und zwar mit Hilfe von Teststreifen, die im Fachhandel erhältlich sind. Es gibt auch bereits einfache Meßgeräte, die man lediglich in den Boden steckt.

Der pH-Wert kann an einer Skala abgelesen werden. Obwohl die Genauigkeit relativ gut ist, dienen solche Geräte lediglich einer groben Prüfung, da sowohl Teststreifen als auch Laboruntersuchungen wesentlich genauer sind.

Die Bodenarten

Leichte Böden

Hier handelt es sich um Sandböden, die sich durch gute physikalische Eigenschaften auszeichnen, d. h., sie haben eine gute Wasserdurchlässigkeit, sind gut durchlüftet und können leicht bearbeitet werden. Andererseits haben leichte Böden von Natur aus nur einen geringen Gehalt an Nährstoffen und sind nicht in der Lage, ihnen zugeführte Nährstoffe, z. B. Kali und Stickstoff,

Einfaches Schema zum schnellen Bestimmen der Bodenart mit der Fingerprobe

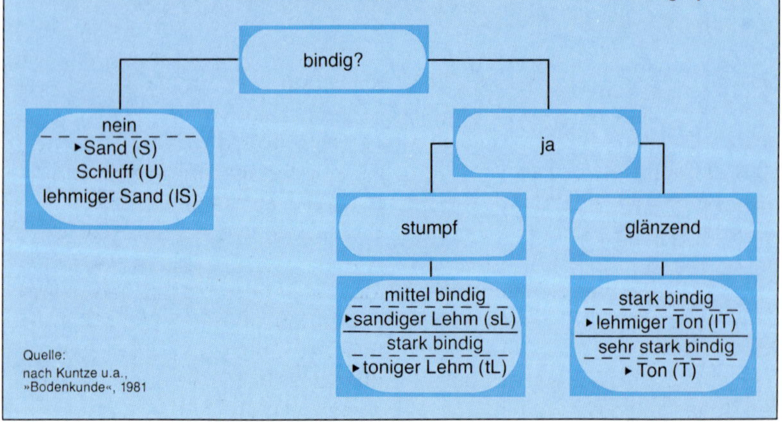

festzuhalten. Es kommt daher auf diesen leichten Sandböden sehr leicht zu einer Auswaschung. Bei Düngung mit mineralischem Stickstoff können auf solchen Böden bis zu 60% der aufgebrachten Düngermenge ausgewaschen werden. Sie läuft durch den Boden hindurch wie durch ein Sieb und gerät unweigerlich ins Grundwasser. Dadurch erhöht sich dort der Nitratgehalt, was sehr abträglich für die Gesundheit ist. Leichte Sandböden haben außerdem ein sehr geringes Speichervermögen für pflanzenverfügbares Wasser. Diese geringe Wasserspeicherfähigkeit ist die Hauptursache dafür, daß Sandböden oft nur geringe Erträge liefern.
Es muß deshalb vorrangig versucht werden, die Wasserhaltekraft zu verbessern.
Dies geschieht am zweckmäßigsten mit Tonmineralien oder mit einem von der Chemie angebotenen Produkt, das aus Schaumstoff-Flocken mit sehr feinen Poren besteht.
Diese Tonminerale verfügen über eine sehr große Oberfläche und sind in der Lage, sehr viel Wasser anzulagern. 150 g/m², die Sie einmal im Jahr, möglichst im zeitigen Frühjahr, dem Boden zugeben und leicht in die Oberfläche einarbeiten, genügen.
Die oben genannten Schaumstoff-Flocken auf Basis von Harnstoff-Formaldehydharz sind ebenfalls gut geeignet, um die Erträge auf leichten Böden zu gewährleisten. Das Material hat allerdings den Nachteil, daß es einmal nicht sehr billig ist und zum anderen nur bei absolut windstillem Wetter ausgebracht werden kann, da sonst die ganze Nachbarschaft mit Schaumstoff-Flocken übersät wird. Wenn Sie es anwenden wollen, müssen Sie mit 2–4 m³ auf 100 m² rechnen.

Mittlere Böden

Sie liegen in ihrer Nutzungsmöglichkeit für die Pflanzenproduktion und ihrer Bearbeitbarkeit zwischen den Sandböden und den Tonböden. Ein typischer Vertreter des mittleren Bodens ist der Lößboden, der in Mitteleuropa ungefähr zu 10–25% aus Ton, zu 70–80% aus Schluff (Mittelding zwischen Sand und Ton) und zu geringen Teilen aus Fein- und Mittelsand besteht. Aus den auf der ganzen Erde zu findenden Lößablagerungen haben sich im Laufe der Zeit die fruchtbarsten Böden, z. B. die Schwarzerden, entwickelt. Bei der Beurteilung der Verbesserungsmöglichkeit eines Lößbodens kommt es sehr darauf an, ob dieser mittlere Boden mehr zum Sand hin neigt oder mehr zu einem schweren Boden. Je nachdem, wie die Beurteilung ausfällt, muß sich auch die Bodenpflegemaßnahme daran orientieren. Mittlere Böden sind im Idealfall problemblos zu bearbeiten und bilden für jede Art von Gartennutzung ideale Standorte. Wohl dem, der einen solchen Boden in seinem Garten hat.

Boden

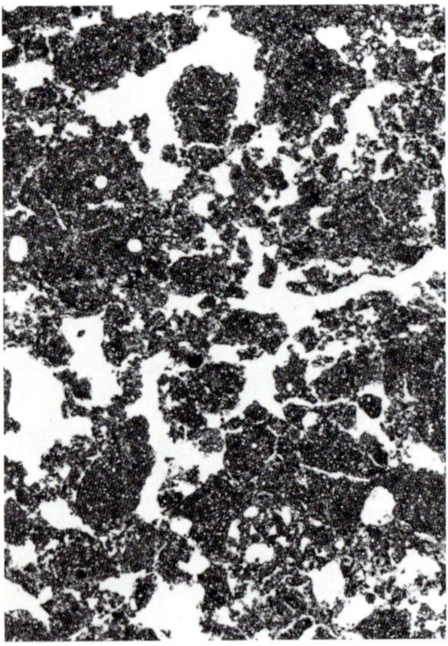

Locker gelagerter, unverdichteter Boden mit viel Luft (weiße Stellen).

Verdichteter Boden, wenig Luft.

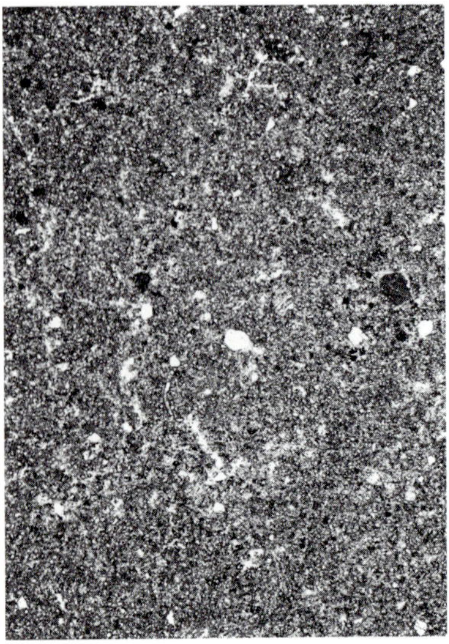

Negative Auswirkungen von Bodenverdichtungen
(verändert nach Altemüller)

Das Wurzelwachstum
ist gehemmt, vor allem bei Knollen- und Wurzelfrüchten (z. B. Sellerie, Möhren, Kartoffeln, Schwarzwurzeln).

Die Nährstoffe
sind schlechter verfügbar im Boden.

Die Keimung
der Pflanzen ist schlechter, besonders bei feuchten Bedingungen.

Der Wasserhaushalt
ist gestört. Es bildet sich Staunässe; der Luftgehalt des Bodens ist geringer; das Wasser kann nicht in den Boden eindringen. Dadurch kommt es zum Wasserabfluß an der Oberfläche, dabei wird wertvoller Boden abgeschlämmt. Die Erosionsgefahr steigt.

Die Temperatur
im Boden steigt im Frühjahr langsamer an.

Ergebnis
Der Ertrag auf einem verdichteten Boden ist geringer.

Schwere Böden

Sie sind gekennzeichnet durch einen hohen Ton- und Lehmanteil. Das Hauptproblem ihrer Strukturverbesserung liegt darin, daß man versuchen muß, hier eine ideale Krümelstruktur zu erreichen. Dies ist vor allem im Hinblick auf die Wasserdurchlässigkeit von großer Bedeutung, denn schwere Böden sind immer durch Verdichtung gefährdet.

Während es den leichten Böden an feinen Tonteilchen fehlt, leiden schwere Böden an einem Mangel an groben Partikeln.

Schwere Böden werden häufig auch als fette Böden bezeichnet. Man spricht daher bei der Zufuhr von gröberen Teilchen auch von einer »Vermagerung«. Das erreicht man am besten durch die Zufuhr von Sand. Dabei sollte bei der Verbesserung des Gartenbodens die Körnung 0/3 verwendet werden, die als Bausand überall zu erhalten ist.

Grundsätzlich gilt, daß Gründungspflanzen, organische Dünger, Pferdemist mit Stroh, Kompost, Rindermist mit viel Einstreu, Schaf-, Ziegen-, Kaninchen- und Taubenmist auf schweren Böden als Humusstoffe die Bodenstruktur ganz entscheidend verbessern.

Bodenuntersuchung

Eine Bodenuntersuchung gibt Auskunft darüber, wie hoch der Gehalt an verfügbaren Nährstoffen in dem betreffenden Gartenboden ist. Aus dem verfügbaren Gehalt wird dann der notwendige Bedarf an Dünger abgeleitet. Für die meisten Gartenböden dürfte eine »normale« Bodenuntersuchung gute Dienste leisten, wie sie in der Bundesrepublik z. B. von den verschiedenen »LUFA« (Landwirtschaftliche Untersuchungs- und Forschungsanstalten) angeboten werden.

Für die Probenahme benutzt man am besten einen Bohrstock. Mit diesem Gerät sticht man ca. 20 cm tief in den Boden, dreht den Stock einmal um seine Achse und zieht ihn dann heraus. Den so gewonnenen Boden schüttet man in eine Plastiktüte, und zwar vermischt man die verschiedenen Proben aus seinem Garten miteinander. Proben von Rasenflächen, in die man nur ca. 10 cm tief einzustechen braucht, werden gesondert verpackt.

Wenn kein Bohrstock zur Verfügung stehen sollte, kann man auch mit einem Spaten in den Boden stechen. Der Spaten wird leicht nach vorne gedrückt, und mit einem Teelöffel wird dann der Boden von der Rückseite des Spatens von unten nach oben »abgekratzt« und in einen Behälter getan. Die so gewonnenen Bodenproben werden gut verpackt und mit genauer Bezeichnung der Vorkultur und der geplanten Kultur an eine Landwirtschaftliche Untersuchungs- und Forschungsanstalt geschickt. Je 100 m^2 Gartenfläche sollten 5 Proben gezogen werden!

Bodenverbesserung

Bei der Beschreibung gärtnerischer Böden wird häufig von der »Vegetationsschicht« gesprochen, der Bodenschicht, die für die Durchwurzelung mit Pflanzenwurzeln am besten geeignet ist. Ein Gartenbesitzer sollte daher dieser obersten Bodenschicht besondere Aufmerksamkeit schenken.
Man kann die Vegetationsschicht durch Zugabe verschiedener Stoffe verbessern oder, wenn es sich um einen bisher nicht bearbeiteten Boden handelt, einen sog. Rohboden durch den »Voranbau« bestimmter Pflanzen sogar bis tief in den Unterboden hinein aufschließen.
Wir unterscheiden zwischen Bodenverbesserungsstoffen natürlicher und synthetischer Herkunft. Dabei unterscheiden wir wieder nach Stoffen mit organischer Substanz, Stoffen mit feiner und Stoffen mit grober Körnung.

Stoffe mit organischer Substanz
Dies sind z. B. alle Torfe, egal ob mit oder ohne Düngemittelzusatz. Ferner jede Form von Kompost, über den in einem anderen Kapitel (ab S. 69) ausführlich gesprochen wird. Zudem gibt es auf dem Markt eine ganze Reihe von Bodenverbesserungsstoffen mit organischer Substanz, die zum Teil auch eine geringe Düngewirkung haben. Ihr Gartenfachgeschäft wird Sie gerne beraten.

Stoffe mit feiner Körnung
Diese Stoffe dienen in erster Linie der Verbesserung der Wasseraufnahmefähigkeit des Bodens. Dabei kann es sich um feinpulverigen Ton, der auch granuliert geliefert wird, oder um Lehm handeln, der als feinsandiger Lehm, auch Löß genannt, besonders geeignet ist. Im Handel werden eine Reihe von Produkten angeboten. Auch feinkörniges Basaltmehl wird zur Bodenverbesserung empfohlen. Es sollte nur in geringen Mengen von höchstens 100 g/m² verwendet werden, da sonst die Gefahr besteht, daß die Feinporen verstopfen.

Stoffe mit grober Körnung
Dazu gehören Sande aller Art, auch Splitt und Lavaschlacke sowie Bimsstein-Granulat, das auch als Winterstreumittel angeboten wird. Grobkörniges Basaltgestein ist ebenfalls bestens geeignet. Ferner gibt es für diesen Zweck nicht wasseraufnehmende Kunststoffe. Diese grobkörnigen Stoffe erleichtern die Bearbeitbarkeit des Bodens, da ein so verbesserter Boden weniger »schmiert«, und führen außerdem zu einer höheren Wasserdurchlässigkeit. Das ist für die Pflanzenwurzeln wichtig, da das Oberflächenwasser ja in den Boden eindringen soll und nicht auf dem Boden als Lache stehen bleiben darf. Zur Beseitigung von Bodenverdichtungen sind solche Stoffe besonders gut geeignet.

Warum ist Humus so wichtig?

Die Lehre von der Bedeutung des Humus für die Ernährung der Pflanzen geht zurück auf die Humustheorie des Aristoteles, der ungefähr 350 vor Chr. gelebt hat.
Sein berühmter Lehrsatz lautete: »Die Pflanze ernährt sich von Humusstoffen, die sie mit den Wurzeln aus dem Boden aufnimmt; nach dem Absterben wird sie wieder zu Humus, und Humusstoffe sind daher Dünger.«
Ein Nachfolger von Aristoteles war Albrecht Thaer, der um 1809 als einer der letzten bedeutenden Vertreter der Humustheorie folgendes sagte: »Die Fruchtbarkeit des Bodens hängt ganz eigentlich vom Humus ab; denn außer Wasser ist er es allein, der den Pflanzen Nahrung gibt. So wie der Humus eine Erzeugung des Lebens ist, so ist er auch eine Bedingung des Lebens. Ohne ihn läßt sich kein individuelles Leben denken.«
Dem gegenüber steht die Mineralstofftheorie von Liebig, die heute allgemein als Grundlage der Pflanzenernährung angesehen wird. Das heißt aber nicht, daß Humus keine Bedeutung für das Wachstum der Pflanzen hat. Humuspflege ist eine der Grundlagen erfolgreichen Gärtnerns.
Wir bezeichnen als Humus die Gesamtheit der organischen Substanz in einem Boden, d. h., daß zum Humus auch die Pflanzenrückstände gehören.
Während wir bei der Gesamtheit der Mineralteile eines Bodens den Begriff des Mineralkörpers verwenden, bezeichnen wir die gesamte Masse der organischen Substanz, die in einem Boden vorhanden ist, auch als Humuskörper. Dabei ist wichtig zu beachten, daß nach gängiger Lehrmeinung die lebenden Organismen, d. h. das aus der Bodenflora und -fauna bestehende Edaphon, nicht zur organischen Substanz der Böden gerechnet wird. Als organische Substanz und als Humusstoff der Böden bezeichnen wir daher ausschließlich die tote organische Substanz. Diese organische Substanz unserer Böden besteht aus einem relativ kleinen Anteil von noch nicht oder nur schwach umgewandelten Ausgangsstoffen wie z. B. den Kohlenhydraten. Außerdem besteht sie aus bereits stärker umgewandelten und durch diese Umwandlungsprozesse bereits dunkel gefärbten Produkten, die wir als Huminstoffe bezeichnen.
Den chemisch relativ komplizierten Umwandlungsprozeß innerhalb der organischen Substanz in die Huminstoffe bezeichnen wir mit dem Begriff der Humifizierung, während wir den Vorgang der Zersetzung organischer Verbindungen durch Kleinlebewesen in anorganische Verbindungen, bei der z. T. auch Mineralstoffe freigesetzt werden, Mineralisierung nennen.

Wie Humus entsteht

Humus bildet sich aus den von den grünen Pflanzen durch den Vorgang der Photosynthese stets neu produzierten Sproßorganen, die, nachdem sie abgefallen sind, in Form von Blättern, Nadeln oder Zweigen oder nach dem Absterben der ganzen Pflanze als Streu auf den Boden gelangen. Außerdem sind Ausgangsstoffe für die Gewinnung von Humus abgestorbene Wurzeln, die organischen Ausscheidungsprodukte der Pflanzenwurzeln und die Ausscheidungen von Kleinlebewesen des Bodens, wie z. B. die Schleimstoffe des Regenwurms und die Bodentiere, die im Laufe ihres kurzen Lebens sterben, um dann als Leichen ebenfalls im Boden als Ausgangsstoffe für die Humusproduktion zu dienen.

Die in oder auf den Boden gelangenden Pflanzenrückstände dienen nun den Bodentieren und Kleinlebewesen als Nahrung und werden dabei in ihre einzelnen Bestandteile zerlegt und entweder gleich mineralisiert oder in Humus umgewandelt. Obwohl diese beiden Vorgänge mehr oder weniger ineinandergreifen, kann man doch 3 Phasen der Umsetzung unterscheiden:

Der erste Teil beginnt kurz vor oder nach dem Absterben der Pflanzenteile oder der Tiere und besteht in erster Linie in chemischen Reaktionen von den Stoffen, die in den Pflanzenteilen oder Tieren von Hause aus vorhanden sind. Bei diesem Vorgang werden z. B. Stoffe wie Stärke in Zucker zerlegt, Eiweiße in Aminosäuren, oder das noch in den Pflanzenresten vorhandene Chlorophyll wird abgebaut, was dann z. B. in der herbstlichen Verfärbung, in diesen rötlich-braun-goldenen Farben der Blätter sichtbar ist.

Der zweite Teil der Zersetzung besteht in der mechanischen Zerkleinerung durch verschiedene Bodenlebewesen. Sie fressen das, was chemisch bereits vorverdaut ist, wieder durch sich hindurch, zernagen und zerbeißen die Pflanzenrückstände. Dieses durchgekaute Material wird beim Passieren des Darmtraktes von Tieren dann ganz intensiv mit Bodenteilchen vermischt. Besonders der Regenwurm ist an dieser Vermischung seines Darminhaltes mit den Bodenteilchen beteiligt. Die oberirdischen Pflanzenrückstände werden von den Bodentieren bei diesem Vorgang in die Erde hineingeholt und in den Boden eingearbeitet. Dieser Vorgang heißt Bioturbation.

Im dritten Teil der Umsetzung, der Mineralisierung und Humifizierung, werden die weitgehend zerteilten Pflanzenrückstände durch Kleinlebewesen noch weiter umgesetzt. Am leichtesten abbaubar sind dabei die wasserlöslichen Kohlenhydrate, z. B. Zucker, sowie Stärke (ein nichtwasserlösliches Kohlenhydrat) und Eiweiß. Die Leichen der Boden-

◁ Herbstlaub – ein Ausgangsstoff für die Humusbildung.

Humus

Asseln zerkleinern mit ihren Beißwerkzeugen Blätter und Äste.

tiere, die wir als Edaphon bezeichnet haben, bestehen im wesentlichen aus den oben genannten Stoffen und werden daher besonders rasch abgebaut. Anders verhält es sich mit den Rückständen von Pflanzen, die z. T. in ihrer gesamten Struktur kaum verändert sind, auch wenn sich der in den Zellen vorhandene Inhalt bereits weitgehend aufgelöst und umgewandelt hat. Besonders für ältere Gewebeteile, die sehr reich an Zellulose und Lignin sind, dauert die Umwandlung sehr lange. Erst mit dem Abbau der Zellulose durch spezielle Pilze und wiederum spezialisierte Bakterien geht

Regenwürmer sind besonders wichtig zur Humusbildung.

letzten Endes die pflanzliche Struktur dieses Materials ganz verloren. Erst durch das Einwirken von Pilzen und Bakterien wird auch das relativ schwer abbaubare Lignin, ein Inhaltsstoff des Holzes, so freigelegt, daß es nach längerer Zeit wiederum durch auf den Abbau und die Verwertung von Lignin spezialisierte Mikroorganismen endgültig abgebaut werden kann.
Beim Abbau der verschiedenen Stoffe im Boden durch die Mikroorganismen entstehen neue Produkte. Ein Teil dieser Stoffe wird von den Mikroorganismen für sich selbst benötigt, d. h., sie brauchen diese Stoffe schlicht, um nicht zu verhungern bzw. zum Aufbau eigener Körpersubstanz. Wir nennen das den sogenannten Baustoffwechsel. Ein anderer Teil der zerlegten Stoffe wird nun von den Mikroorganismen benötigt, um überhaupt aktiv bleiben zu können, d. h., sie brauchen diese Stoffe für ihren eigenen Kreislauf. Wir nennen das den Betriebsstoffwechsel.
Diese beiden Vorgänge beim Abbau der organischen Substanz sind auch die Ursache dafür, daß ein biologisch arbeitender Gärtner, der ausschließlich mit Kompost seinen Garten zu ernähren glaubt, letzten Endes Schiffbruch erleiden muß, da der Anteil der Inhaltsstoffe, die die Mikroorganismen für sich selbst verwerten und der letzten Endes den Pflanzen gar nicht mehr zur Verfügung steht, relativ groß ist.
Obwohl in der letzten Phase der völligen Zerlegung, nämlich bei diesem Betriebsstoffwechsel, die einzelnen Ausgangsstoffe in Wasserstoff und Kohlendioxyd zerlegt werden, wobei gleichzeitig Ammoniakverbindungen und Mineralstoffe in die Bodenlösung gelangen, so reichen diese in die Bodenlösung abgegebenen geringen Gehalte nicht aus, um Pflanzen längerfristig ausschließlich mit Kompost und damit auch mit Humus zu ernähren.
Es kommt nämlich hinzu, daß die Abbaugeschwindigkeit der Pflanzenrückstände im Boden weitgehend von ihrer stofflichen Zusammensetzung abhängig ist. Je höher der Gehalt an Lignin und Zellulose, desto langsamer werden diese Stoffe im Boden mikrobiell abgebaut. Ein hoher Gehalt an leicht zersetzbaren und stickstoffhaltigen Stoffen beschleunigt natürlich den Abbau. Dies ist vor allen Dingen bei den Leichen der Bodentiere der Fall, da sie aus sehr viel eiweißhaltigen Stoffen zusammengesetzt sind. Es ist auch so, daß mit zunehmendem Alter die Pflanzen immer mehr verholzen, so daß die Rückstände älterer Pflanzen wesentlich langsamer abgebaut werden als die von jüngeren.
Auch die einzelnen Pflanzenteile werden unterschiedlich schnell zersetzt, so werden z. B. die Wurzeln der Pflanzen und die Adern der Blätter wesentlich langsamer abgebaut, weil sie einen höheren Gehalt

Humus

Sich zersetzendes Laub – Nahrungsgrundlage für die Kleinlebewesen.

an Lignin haben. Bei den Pflanzen, bei denen Gerbstoffe vorhanden sind, wie z. B. bei allen Arten von Heidepflanzen, ist die Zersetzung ebenfalls stark verzögert.
Die Abbaugeschwindigkeit der organischen Substanz und damit die Humusbildung hängt auch entscheidend von den Lebensbedingungen der Bodenorganismen ab. Wenn der Boden z. B. nicht warm genug ist, wenn nicht genügend Feuchtigkeit vorhanden ist und der Sauerstoffgehalt zu gering und außerdem noch ein Nährstoffmangel vorhanden ist, so können die Mikroorganismen die organische Substanz nicht optimal zersetzen.
Das kann man sehr leicht bei Waldstandorten beobachten. Dort reicht häufig die Zeit von Bestandsabfall bis zum nächsten Jahr nicht aus, um die im Vorjahr heruntergefallenen oft schwer zersetzbaren Nadeln und Blätter restlos umzuwandeln. Es bildet sich daher im Laufe der Zeit im Walde eine dichte Auflage, die wir als Streuschicht bezeichnen. Diese Auflagen an nur teilweise zersetzter, sauer wirkender organi-

scher Substanz können zum Teil recht massiv sein, so daß es dann auf diesen Böden zu einer Versauerung kommt.
Wenn in den Ernterückständen Hemmstoffe vorhanden sind, z. B. durch chemischen Pflanzenschutz, wird die Umsetzung der organischen Substanz im Boden ganz massiv verzögert. Erst nachdem die Hemmstoffe ausgewaschen sind oder durch ganz spezielle »Fachleute« unter den Bodenorganismen umgebaut worden sind, kann die Verarbeitung dieser Stoffe erfolgen.

Was Humus alles bewirkt

Der Gehalt an organischer Substanz und damit auch an Humus ist in dem Oberboden, d. h. in den ersten 10–15 cm, am höchsten. Er nimmt, je tiefer man in den Boden hineinkommt, immer mehr ab.
Wir können daher mit gutem Recht sagen, daß die Grundlage der Ernährung des Menschen an der 10–15-cm-Bodenschicht hängt, die wir als Humusschicht bezeichnen.
Es gibt zwei Arten von Humus:
Nährhumus ist das, was von Bodenorganismen schnell abgebaut wird (z. B. Zucker, Eiweiße) und diesen Bodenorganismen Nährstoffe und Energie liefert.
Dauerhumus dagegen entsteht erst als nachgeordnetes Produkt aus diesem Nährhumus. Die neuentstandenen dunkelgefärbten Huminstoffe sind entscheidend für die Verbesserung der Bodenfruchtbarkeit verantwortlich.
Humusstoffe wirken auf vielfältige Art und Weise auf den Boden ein und sind deshalb für unsere Gärten so wichtig.
Sie verbessern einmal die **Bodenstruktur,** und zwar direkt dadurch, daß sie schwere Böden, in die sperrige Humusteilchen eingearbeitet werden, besser durchlüften. Sie fördern zweitens zusammen mit den Stoffwechselprodukten, z. B. des Regenwurms und anderer Bodentiere die Bodenqualität durch eine Zufuhr von Klebstoffen, d. h., wir bekommen eine bessere **»Lebendverbauung«** des Bodens.
Humus fördert ferner die **Durchlüftung** des Bodens, d. h., aufgrund einer verbesserten **Krümelstruktur** bekommt der Boden größere Poren, und damit kommt es zu einer besseren **Zufuhr von Sauerstoff** zu den Wurzeln der Pflanzen, und außerdem kann das bei der Pflanzenernährung entstehende Kohlendioxyd, das aus dem Wurzelraum der Pflanzen an die Luft entweichen muß, besser aus dem Boden heraus. Wir bezeichnen diesen Vorgang stark vereinfacht auch als **Bodenatmung,** die durch die Zufuhr von Humus eben auch nachhaltig gefördert wird.
Ferner verbessert Humus die **Wasserkapazität** des Bodens, indem nämlich die organische Substanz das Wasser wie ein Schwamm

aufsaugt und dadurch indirekt auch wiederum zu einer Verbesserung des oben bereits geschilderten Porenvolumens führt.
Letzten Endes erhöhen Humusstoffe die **Bodentemperatur,** weil die in Dauerhumus umgewandelten Reststoffe meistens eine dunkle Farbe haben. Aufgrund dieser dunklen Farbe ist es möglich, daß ein Boden die auf ihn einstrahlende Sonne besser speichert, d. h., er wird schneller warm, was besonders im Frühjahr, wenn das Wachstum beginnt, von Bedeutung ist.
Außerdem kommt es durch die Verbesserung der Porenverhältnisse im Boden zu einer schnelleren Beseitigung von Überschußwasser bei starken Niederschlägen.
Das bisher Gesagte betraf die Verbesserung der physikalischen Bodeneigenschaften. Humus hat aber auch ganz entscheidende positive Wirkungen auf die chemischen Bodeneigenschaften.
Humusstoffe sind in der Lage, an ihrer Oberfläche in austauschbarer Form **Nährstoffe zu speichern.** Das ist vor allen Dingen für die Böden von Bedeutung, die von Hause aus zu wenig Tonanteile haben.
Ferner können Humusstoffe **Nährstoffe liefern** und damit auch Energie durch den Abbau von Nährhumus, und zwar das für die Photosynthese so wichtige Kohlendioxyd, mineralische Nährstoffe (z. B. Stickstoff, Phosphor und Schwefel), aber auch Spurenelemente, und nicht zuletzt organische Nährstoffe wie z. B. Zucker und Aminosäuren, die als Zwischenprodukte beim Abbau der organischen Substanz entstehen und die von den Pflanzen durchaus verwertet werden können. Die direkte Verwertung dieser organischen Nährstoffe für Pflanzen von untergeordneter Bedeutung. Wenn man sich nur darauf verließe, würde man langfristig seinem Garten Schaden zufügen.
Letzen Endes kommt es aber durch den Abbau von Humus auch zu einer Freisetzung von mineralischen Nährstoffen aus noch anderen im Boden vorhandenen Nährstoffreserven. So werden z. B. beim Humusabbau unter anderem Huminsäuren freigesetzt, und mit Hilfe dieser Säuren ist es dann möglich, daß Nährstoffe wie Eisen und Mangan, aber auch Phosphat und Molybdän freigesetzt werden und damit den Pflanzen zur Verfügung stehen.
Wird dieser Prozeß der Versauerung allerdings zu stark gefördert, werden diese Elemente im Übermaß freigesetzt; das ist dann wieder schädlich für die Pflanzen.

Die einzelnen Nährstoffe

Wir wollen uns nun der Frage zuwenden, welche Bedeutung die einzelnen Nährstoffe für eine Pflanze haben und wie sie natürlicherweise im Boden vorkommen und von der Pflanze aufgenommen werden.

Der Stickstoff (N)

Bedeutung für die Pflanze
Stickstoff wird als der Motor des Pflanzenwachstums bezeichnet. Er ist in allen Eiweißen, im Blattgrün, im Erbmaterial und in vielen Geschmack- und Inhaltsstoffen zu finden. Zu hohe Stickstoffgaben verstärken besonders auffällig das Längen- und Dickenwachstum aller oberirdischn Sproßteile von Pflanzen. Sie führen außerdem dazu, daß es zur Bildung von großen, chlorophyllreichen, mastigen Blättern kommt. Die so ernährten Pflanzen sind weich im Gewebe, fallen leicht um und werden bevorzugt von Schädlingen befallen, da sich der Zellsaft in seiner Zusammensetzung geschmacklich so verändert, daß ihn beißende und saugende Schadinsekten bevorzugt zu sich nehmen.

Vorkommen
Der im Boden vorhandene Stickstoff stammt aus den Proteinen der Pflanzen und Tierreste, d. h, Stickstoff ist das einzige Element, das nicht in der mineralischen Substanz des Bodens vorkommt. Der molekulare Stickstoff stammt ursprünglich aus der uns umgebenden Luft, die zu 78% aus N_2 besteht. Diese Form des Stickstoffs kann nun von bestimmten freilebenden Organismen zum Aufbau von Körpereiweiß verwendet werden. Damit wird der molekulare Stickstoff, der von den Pflanzen nicht verwertet werden kann, in eine organische Bindung übergeführt. Diese Fähigkeit haben vor allem einige Bakterien, wie z. B. Azotobacter und Azotomonas. Luftstickstoff kann ferner noch mit Hilfe von Knöllchenbakterien in organischen Stickstoff umgewandelt werden. Sie leben in Gemeinschaft mit Leguminosen, und diesen Effekt machen wir uns mit der Verwendung von Leguminosen als Gründünger zunutze. Bei diesem Vorgang gibt die Pflanze den Bakterien Zucker und andere photosynthetische Produkte, und die Bakterien revanchieren sich mit der Bindung des Luftstickstoffs.
Dieser organisch gebundene Stickstoff ist nun aber noch nicht von den Pflanzen zu verwerten. Er muß in einer langen Reihe von chemischen Prozessen im Boden von wieder anderen Kleinlebewesen in anorganischen Stickstoff, d. h. durch den Vorgang der Stickstoff-Mineralisation, umgewandelt werden.
Bei diesem komplizierten Vorgang, der hier nur sehr vereinfacht dargestellt werden kann, wird der orga-

nisch gebundene Stickstoff zuerst in Ammonium (NH_4) und anschließend in Nitrit (NO_2) und dann in Nitrat (NO_3) umgewandelt. An diesen Vorgängen sind nun wieder ganz bestimmte Spezialisten unter den Bodentieren beteiligt, und es wird klar, daß bei der Bodenbiologie wie bei einem Getriebe ein kleines Rädchen in das andere greift. Die auf diese Weise gewonnenen Stickstoffmengen können erheblich sein. Je nach Bodenart betragen die durch diese chemischen Prozesse freiwerdenden Stickstoffmengen zwischen 3 und 200 g/m^2. Leguminosen bringen jährlich ca. 10–20 g/m^2 Stickstoff in den Boden.

Auswaschung des Stickstoffs

Nitratstickstoff ist im Gegensatz zu dem Ammoniumstickstoff im Boden frei beweglich und wird daher sehr leicht durch die Niederschläge in tiefere Bodenschichten oft bis ins Grundwasser ausgewaschen. Diese Auswaschungsverluste bei Stickstoff können auf unbewachsenem Boden wesentlich größer sein als auf bewachsenen Böden, denn auf den bewachsenen Böden nehmen die Mikroorganismen und die Wurzeln der Pflanzen den leicht verfügbaren Nitratstickstoff schnell auf und benutzen ihn zum Aufbau ihrer eigenen Körpersubstanz.
Durch diese biologische Festlegung des Stickstoffs verringert sich dann der Auswaschungsverlust, und das ist auch der Grund dafür, daß man in seinem Garten nach Möglichkeit immer den Boden mit einer schützenden Pflanzendecke bedeckt halten sollte!

Phosphor (P)

Bedeutung für die Pflanze

Das Element Phosphor ist für den Fruchtansatz und für die Blütenbildung ganz entscheidend verantwortlich. Sehr häufig genügt bereits eine geringe Düngung mit Phosphordüngern, und ein Strauch, eine Staude oder ein Ziergehölz, das längere Zeit nicht geblüht hat, entfaltet die schönsten Blüten. Für den Stoffwechsel der Pflanze hat Phosphor eine große Bedeutung, weil er an fast allen Umsetzungen in der Pflanze, für die Energie benötigt wird oder durch die Energie frei wird, beteiligt ist. Phosphor spielt außerdem eine große Rolle beim Aufbau von Kohlenhydrat und Eiweißverbindungen. Eine gute Versorgung des Bodens mit Phosphat ist auch im Interesse der Förderung der Kleintiere und Mikroorganismen von Bedeutung. Diese Mikroorganismen tragen wesentlich zur Bildung der Krümelstruktur bei. Kleintiere und Mikroorganismen finden in phosphatreichen Böden wesentlich bessere Lebensbedingungen als in phosphatarmen.
Bei Phosphormangel bleiben die Pflanzen klein mit steifen Blättchen. Schwache Stengel und Wurzeln und

◁ Ausgewogene Pflanzenernährung fördert die Blumenpracht.

Phosphor ist wichtig für die Blütenbildung.

grau-grüne bis rötliche Verfärbungen, die bei älteren Blättern beginnen, sind auch typische Symptome für einen Phosphormangel.

Vorkommen

Freie Phosphationen kommen in der Bodenlösung nur in ganz geringen Mengen vor. Es kann zwar jede Menge Phosphor im Boden enthalten sein, nur können die Pflanzen ihn nicht verwerten, da der Phosphor nicht im Bodenwasser gelöst, sondern im Boden »festgelegt« ist. Auf sauren Böden wird Phosphat z. B. durch die Bildung von unlöslichen Aluminium- und Eisenphosphaten in nichtpflanzenverfügbarer Form festgehalten. Auf kalkreichen Böden hingegen leidet die Phosphatverfügbarkeit unter der Bildung von Kalziumphosphaten.

Die Verfügbarkeit von Phosphat für die Versorgung von Pflanzen hängt daher ganz entscheidend von der Schaffung und von der Einhaltung eines optimalen pH-Wertes zwischen pH 6 und 7 ab.

Ferner ist für die Versorgung der Pflanzen mit Phosphat der Gehalt des Bodens an organischer Substanz von großer Bedeutung. Bei dem Abbau der organischen Substanz durch die Mikroorganismen des Bodens entstehen Säuren, die in der Lage sind, die schwerlöslichen Phosphate anzugreifen und dann teilweise in pflanzenverfügbares Phosphat überzuführen. Auch Pflanzenwurzeln selbst besitzen im allgemeinen ein beachtliches Vermögen, schwerlösliche Phosphate aufzuschließen.

Der Wasserhaushalt eines Bodens ist ferner ebenfalls von großem Einfluß auf die Verfügbarkeit des Phosphats für die Pflanzen. In trockenen Jahren wird weniger Phosphat von Pflanzen aufgenommen als in feuchten Jahren. Generell kann man sagen, daß die Versorgung der Pflanzen mit Phosphat um so besser ist, je höher die biologische Aktivität des Bodens ist. In diesem Zusammenhang sollte das Kapitel über organische Düngung (S. 60), über Humusversorgung (S. 21) und über Kompost (S. 69) beachtet werden.

Auswaschung
Wir sagten bereits, daß Phosphat relativ leicht festgelegt wird und daß dadurch seine Auswaschung verhindert wird. Lediglich auf leichten Sandböden kann eine gewisse Wanderung des Phosphats in die Tiefe unter Einfluß starker Niederschläge festgestellt werden. Phosphathaltige Düngemittel eignen sich daher besonders zur Anreicherung von phosphorarmen Böden im Rahmen einer Vorratsdüngung.
Dabei ist zu beachten, daß wegen der Festlegung des Phosphors im Boden immer mehr Phosphat gedüngt werden muß, als für den tatsächlichen Phosphorbedarf der Pflanzen erforderlich ist. Andererseits sind, eben weil Phosphate kaum ausgewaschen werden, sie gleichzeitig aber in vielen Düngern vorhanden sind, viele Gärten mit Phosphaten überversorgt, wenn die Hobbygärtner ohne Bodenuntersuchung jährlich Mehrnährstoff-Dünger streuen.
Als Richtschnur für die Bemessung des Phosphats, für das hier keine allgemeinen Anregungen gegeben werden können, sollte also die Bodenanalyse dienen.

Kalium (K)

Bedeutung für die Pflanze
Die Funktion des Kali ist mannigfaltig, Kalimangel führt z. B. leicht zu Welkeerscheinungen, während bei

Reifende Früchte brauchen viel Kali.

guter Kaliversorgung das Bodenwasser besser ausgenützt und der Wasserverbrauch in Trockenzeiten eingeschränkt wird. Auch die Photosynthese der Pflanzen wird von Kali stark gefördert.
Ferner führt Kali zu einer Neutralisierung von sich im Boden durch die Mikroorganismen bildenden organischen Säuren.
Vor allen Dingen bei reichem Fruchtbehang von Obstgehölzen aller Art tritt Kalimangel auf, da die wachsenden Früchte sehr viel Kali für sich benötigen. Es kommt dabei zur Bildung der typischen Nekrosen, d. h. zur Bildung von abgestorbenem Gewebe; ausgehend von

Nährelemente

1

2

3

4

5

6

1 Stickstoffüberschuß, die Tomaten reifen schlecht.

2 Starker Stickstoffmangel bei Sellerieblättern – das linke Blatt ist gesund.

3 Blumenkohl ohne Phosphor – beachten Sie auch die »Starrtracht« der Blätter.

4 Kalimangel an Pfirsich – Frucht und Blatt links sind normal ernährt.

5 Phosphormangel an Apfel – ist in der Praxis allerdings selten!

6 Kalimangel an Roter Johannisbeere.

den Blatträndern bilden sich zuerst gelbliche, danach in Braun übergehende Flecken. Die einzelnen Flekken greifen später auf das ganze Blatt über. Diese Mangelsymptome treten vor allem an älteren Blättern der Triebbasis auf.
Was die Fruchtqualität betrifft, so sagt man dem Kali qualitäts- und haltbarkeitsfördernde Eigenschaften nach. Ferner fördert eine gute Kaliversorgung die Fruchtfärbung, die Fruchtfleischfestigkeit, den Geschmack, verringert den Befall mit allen Arten von Pflanzenkrankheiten und vermindert die Erfrierungsgefahr bei Gehölzen im Winter.

Vorkommen, Auswaschung
Der Anteil des pflanzenverfügbaren Kaliums, das für die Ernährung der Pflanzen besonders wichtig ist, richtet sich sehr stark nach der Bodenart, Mineralböden haben gegenüber organischen Böden nur einen geringen Anteil ihres Kaliums in austauschbarer Form vorliegen. Der Rest ist stark an Bodenteilchen gebunden, so daß er nur schwer pflanzenverfügbar ist.
Als Faustregel kann man davon ausgehen, daß der Kaligehalt eines Bodens um so größer ist, je höher der Tonanteil ist. Allerdings sind schwere Böden, die einen hohen Tonanteil haben, nicht unbedingt von vornherein in der Lage, genügend Kaliumionen abzugeben. Es kann im Gegenteil auf solchem Boden zu einer so starken Bindung des bei der Düngung zugeführten Kaliums kommen, daß in sehr kurzer Zeit kein Kalium mehr in pflanzenverfügbarer Form zur Verfügung steht. Man spricht dann von Kaliumfixierung.
Obwohl diese Kaliumfixierung einen wirksamen Schutz vor Auswaschungsverlusten darstellt, führt sie bei schweren und gleichzeitig an Kalium verarmten Böden zu einem so geringen pflanzenverfügbaren Kaliumanteil, daß die Ernährung der auf diesem Boden wachsenden Pflanzen gefährdet ist.
Auch für Kali gilt wieder, daß der Wassergehalt des Bodens das Ausmaß der Festlegung sowie die Möglichkeit des Übergangs vom festgelegten Kalium in austauschbares, d. h. pflanzenverfügbares Kalium bedingt. Anhaltendes, trockenes Wetter fördert die Festlegungsrate in einem schweren Boden so stark, daß manchmal sogar vorher in Lösung gegangene Kalidünger in der Vegetationsperiode überhaupt nicht wirken können.
Wir wissen, daß Pflanzen ein Wahlvermögen bei der Aufnahme der ihnen angebotenen Nährstoffe haben. Obwohl nun in der Bodenlösung mehr Kalzium und Magnesium enthalten sind als Kali, wird Kali in gleich großer Menge aufgenommen wie Kalzium. Andere Ionen können nun die Aufnahme von Kali durch die Pflanze verhindern, und zwar führt eine zu starke Magnesiumversorgung zu einer so starken Hem-

mung der Kaliaufnahme, daß dadurch Kalimangel entstehen kann. Auch eine schlechte Durchlüftung des Bodens führt zu einer Verschlechterung der Kaliaufnahme. Um eine gute Kaliversorgung der Pflanzen im Garten zu gewährleisten, müssen die meisten Gewächse jährlich mit Kali gedüngt werden. Vor allen Dingen leichte Sandböden und organische Böden haben von Natur aus nur einen geringen Kalivorrat, der außerdem leicht ausgewaschen werden kann. Auf den schwereren und tonreichen Böden können die Pflanzen zwar auf Kali zurückgreifen, welches durch die Verwitterung frei wird, meistens ist aber auch dort eine sichere Kaliversorgung nur durch regelmäßige Kalidüngung sicherzustellen.

Magnesiummangel an Gurkenblättern – deutlich sind die bereits absterbenden, ovalen Aufhellungen zwischen den Blättern zu erkennen.

Magnesiummangel an Paprika – tritt auf leichten Böden, besonders nach starkem Gewitterregen, mitunter schlagartig auf.

Magnesium (Mg)

Bedeutung für die Pflanze

Magnesium liegt in der Pflanze als Ion vor. Seine Bedeutung für das Pflanzenwachstum hat es als ein Baustein des Chlorophylls. 15–20% des in einer Pflanze vorliegenden Magnesiums sind im Blattgrün gebunden, so daß Magnesiummangel ganz zwangsläufig die Chlorophyllbildung hemmt. Unter einer verringerten Chlorophyllbildung leidet nun in erster Linie wieder die Photosyntheseleistung der Pflanzen, d.h., die Bildung von Kohlenhydraten

wird beeinträchtigt. Magnesium ist ferner für die Pflanze wichtig als Aktivator für Energieumformungs- und -übertragungsprozesse bei der Photosynthese, bei der Atmung der Pflanzen, beim Stickstoffwechsel und bei der Bildung von Inhaltsstoffen und Reservestoffen. Außerdem beeinflußt Magnesium als ein sogenannter Phosphatträger »die Aufnahme von Phosphat in die Pflanze und den Transport von Phosphat in der Pflanze«.
Mangelerscheinungen an Magnesium werden meistens im Juli, bei starkem Mangel auch schon im Juni sichtbar. Zwischen den Blattadern der Pflanzen sind anfänglich ovale Aufhellungen des Blattgrüns festzustellen, diese Partien können an heißen Tagen innerhalb weniger Stunden absterben.

Vorkommen, Auswaschung

Der größte Teil des Magnesiumvorrats eines Bodens liegt in unlöslicher Form vor, und zwar in erster Linie als Magnesit ($MgCO_3$) oder als Dolomit ($CaCO_3 \cdot MgCO_3$).
Da die Magnesiumcarbonate eine größere Wasserlöslichkeit als Kalziumcarbonate haben, verarmt ein Boden schneller an Magnesium als an Kalzium. Magnesiummangel kommt häufig auf Sandböden vor, da es leicht ausgewaschen wird. Ein niedriger pH-Wert und eine unausgeglichene Kali/Magnesiumversorgung fördern das Auftreten von Magnesiummangelerscheinungen.

Kalzium (Ca) und Kalk

Bedeutung für die Pflanze

Kalzium wird von der Pflanze als Ion aufgenommen und wird nach der Aufnahme durch die Wurzel vorwiegend in die jüngeren Blätter transportiert. Ein Rücktransport des Kalziums aus den Blättern in andere Pflanzenteile findet fast gar nicht statt, so daß es zu einer Anhäufung in den Blättern kommt und dieses darin gebundene Kalzium erst dann wieder frei wird, wenn die Blätter abgefallen und verrottet sind. Im Holz und in der Rinde von Gehölzen und Pflanzen aller Art finden sich außerdem beachtliche Mengen an Kalzium, allerdings in wasserunlöslicher Form, und so kann dieses von den Pflanzen nicht dahin transportiert werden, wo es von der Pflanze benötigt wird.
Eine gute Kalziumversorgung fördert das Wurzelwachstum, die Aufnahme von Nitrat und damit auch die Eiweißbildung.
Bei starkem Kalziummangel, der in der Natur äußerst selten ist, sind jüngere Blätter eingeschnürt, verkrümmt; das Gewebe stirbt dann ab, auch neue Würzelchen werden nicht mehr gebildet. Meist jedoch bewirkt Kalziummangel »nur« eine pH-Wert-Senkung im Boden.

Vorkommen, Auswaschung

Der Anteil des Kalziums an den festen Bodenbestandteilen ist recht beachtlich, so daß der natürliche

Nährelemente

Gehalt des Bodens im Vergleich zu anderen Elementen ziemlich hoch ist. Die größte Menge des Gesamtkalziums der Böden liegt als schwer lösliches Salz vor. Die wichtigste Form sind der kohlensaure Kalk ($CaCO_3$) und das Dolomit ($CaCO_3 \cdot MgCO_3$). Kalk hat einen günstigen Einfluß auf die Bodenstruktur und die Krümelstabilität. Es bindet Säuren im Boden und fördert das Leben der Mikroorganismen und damit die verschiedensten Prozesse, die sich im Boden abspielen. Es hat eine große Bedeutung als ein reiner Bodendünger, und wenn der Kalziumhaushalt eines Bodens gepflegt wird, ist für die meisten unserer Kulturpflanzen auch deren Ernährung mit Kalzium gesichert.

1 Vorne in den Saatschalen wurde kein Kalzium zugegeben – daher die verzögerte Jungpflanzenentwicklung.

2 Diese Lauchpflanze wurde in einem Versuch ohne Kalzium gezogen.

3 Manganüberschuß an Rosenblättern – kann entstehen auf staunassen Böden, die sehr sauer sind, also unter Kalkmangel leiden.

4 Blütenendfäule an Tomatenfrüchten infolge von Kalziummangel.

2

3

1

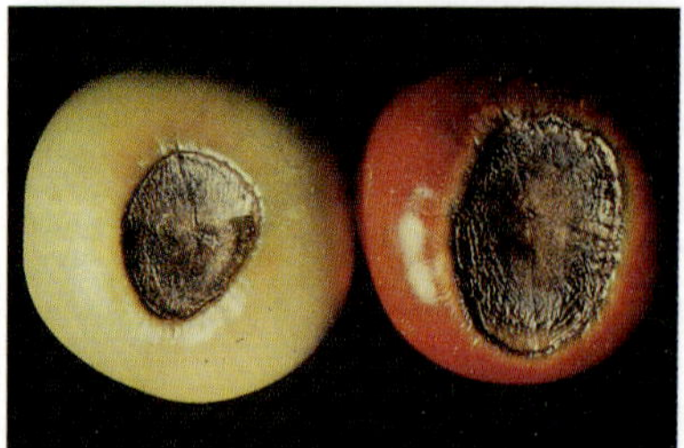
4

Warum ist Kalk so wichtig?
Kalk ist in seiner Wirkung vergleichbar mit einem Katalysator im Auto: Er verhindert das Freisetzen von Schadstoffen. Diese Aussage ist natürlich für einen Bodenkundler sehr vereinfacht, aber für den Gartenfreund sollte es ausreichen, um sich klarzumachen, daß die ständige Beachtung des Kalkzustandes seines Gartenbodens von großer Bedeutung für die Gesundheit seiner Pflanzen ist.
Kalk ist nämlich dafür verantwortlich, daß die Böden nicht zu sauer werden. Wenn ein Boden zu sauer wird, d. h., wenn der pH-Wert unter den Wert von 7 absinkt, so hat das zur Folge, daß durch die Versauerung des Bodens mehr Nährstoffe freigesetzt werden, als im allgemeinen von den Pflanzen benötigt werden. Nur ausgesprochene Spezialisten unter den Pflanzen, die sogenannten Moorbeetpflanzen, lieben es, in einem solch sauren Medium zu stehen, alle anderen Pflanzen bevorzugen einen pH-Wert, der zwischen 6 und 7,5 pendelt. Es gibt allerdings auch Pflanzen wie z. B. Rosen und Forsythien, die gerne in einem stark kalkhaltigen Boden stehen, dessen pH-Wert dann über 7 liegt.
Die chemische Formel für die häufigste Form des bei uns vorkommenden Kalkes ist $CaCO_3$. Das ist Calcium-Carbonat. Diese Form des Kalkes ist nun schwer wasserlöslich, und wir hatten allerdings bei

Die Bedeutung von Kalk für den gesunden Gartenboden.

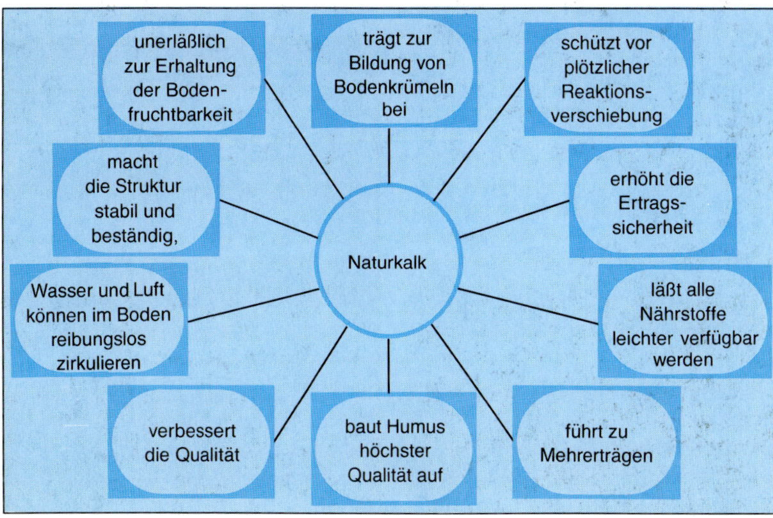

Nährelemente

der Betrachtung über den pH-Wert gesagt, daß Säure die Gesteine doch zur Lösung bringt.
Dieser Lösungsvorgang vollzieht sich aufgrund folgender chemischer Reaktion: Wasser (H_2O) + Kohlendioxyd (CO_2) ergibt Kohlensäure = H_2CO_3.
Wenn wir nun diese Kohlensäure auf unseren schwer wasserlöslichen Kalk, das Calcium-Carbonat ($CaCO_3$), einwirken lassen, kommt es zu folgender chemischer Reaktion:
Calcium-Carbonat ($CaCO_3$) + Kohlensäure (H_2CO_3) ergibt Calcium-Hydrogen-Carbonat ($Ca(HCO_3)_2$.
Das Calcium-Hydrogen-Carbonat ist im Gegensatz zum $CaCO_3$ leicht wasserlöslich, daher wird es mit den Niederschlägen auch in recht großen Mengen ausgewaschen.
Man muß also in regelmäßigen Abständen dem Boden wieder Kalk zuführen.

Oben die typische Chlorose an Pfirsichbäumen (im Hintergrund), unten an Rhododendron – zu hoher Kalkgehalt des Bodens!

Die Spurenelemente

Eisen (Fe)

Eisen gehört zu den Spurenelementen, und man weiß zwar, daß es für die Ernährung der Pflanze von Bedeutung ist, aber seine Funktion beim Stoffwechsel ist auch noch nicht so ganz eindeutig geklärt. Es hat großen Einfluß auf die Chlorophyllbildung und damit auf die Photosynthese, regt Zellteilung und Zellwachstum an, ist an der Atmung beteiligt und an der Synthese vieler Pflanzenfarbstoffe und ist in vielen Enzymen enthalten.
Normalerweise enthalten alle Böden genügend pflanzenverfügbares Eisen. Es kann auf bestimmten Standorten jedoch zu einer Störung der Eisenversorgung kommen. Bei saurer Bodenreaktion kann die Eisenaufnahme durch einen Überschuß an Mangan, Kupfer oder Zink beeinträchtigt sein. Auch ein hoher Phosphatgehalt kann die Ursache sein für die Ausfällung von Eisen in Form von schwerlöslichen Eisenphosphaten. Die am meisten verbreitete Beeinträchtigung der Eisenernährung von Kulturpflanzen findet man jedoch auf kalkreichen alkalischen Böden, wo es zum Krankheitsbild der Kalkchlorose kommt.
Diese Mangelsymptome werden stets an den jüngsten Blättern der Langtriebe zuerst sichtbar, breiten sich bei starken Mangeln auf ältere Pflanzenteile und schließlich auf die ganze Pflanze aus. Die Blätter verfärben sich gelbgrün bis gelb, und bei extremem Mangel kann eine vollständige Ausbleichung erfolgen. Das Blatt- und Triebwachstum werden oft ganz erheblich eingeschränkt, und bei stärkerem und anhaltendem Eisenmangel sterben Triebe und ganze Astpartien von der Spitze ausgehend ab. Die Fruchtbarkeit ist stark vermindert.

Eisenmangel an Buschbohne.

Eisenmangel an Tomate.

Nährelemente

Bor (B)

Bor ist für das Längenwachstum der Wurzeln und für deren Verzweigung wichtig. Der größte Teil von Bor wird in der Pflanze in den Zellwänden eingelagert. Bormangel äußert sich dann im Zusammenbruch dünnwandiger Gewebe. Es kommt zu einer Behinderung des Kohlenhydrat-Transports und als Folge davon zu einer Anreicherung von Zucker und Stärke in den Blättern. Dies führt wiederum zu starkem Schädlingsbefall, da fast alle unsere Schädlinge sich durch süßen Zellsaft magisch angezogen fühlen. Bei Bormangel kommt es außerdem zu mangelhaftem Fruchtansatz, und zwar vor allen Dingen bei Äpfeln, aber auch bei Birnen, Pflaumen, Pfirsichen und Kirschen können Mangelsymptome beobachtet werden.
Das Schadbild des Bormangels bei den genannten Früchten kommt dem der Stippigkeit nahe, auch kann es bei Bormangeln zum Absterben von Triebspitzen und zum Absterben ganzer Astpartien kommen. Die Blätter sind im allgemeinen rötlich bronzefarben, löffelartig gekrümmt und sehr häufig rosettenartig angeordnet. Bormangelerscheinungen sind bei vielen Kulturpflanzen und vor allen Dingen bei Obstgehölzen bekannt.
Die meisten Böden enthalten relativ geringe Bormengen; die Bormangelerscheinungen sind aber in erster Linie eine Folge der Borfestlegung durch zu hohe pH-Werte. Vor allen Dingen auf schlecht durchlüfteten sogenannten schweren Böden, die auch noch staunaß sind, treten Bormangelerscheinungen bevorzugt auf. In trockenen Jahren sind sie wie alle Mängel besonders häufig.

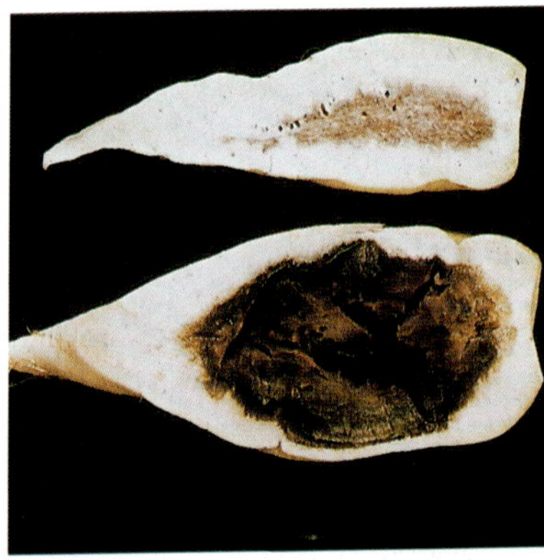

Hohle und verfaulte Rettiche durch Bormangel.

Bormangel an Sonnenblumen äußert sich besonders an den jüngsten Blättern.

Zink (Zn)
Zink ist in Enzymen enthalten. Bei Zinkmangel können Stärke und Eiweiß schlechter gebildet werden; außerdem fördert Zink die Zellteilung.
Im allgemeinen ist Zink in Böden in ausreichender Menge vorhanden, und daher ist Auftreten von einem Mangel nur in seltensten Fällen auf die Verarmung des Bodens mit diesem Element zurückzuführen.
Die häufigste Ursache für Zinkmangel sind ein hoher pH-Wert, also ein zu hoher Kalkgehalt, und ein hoher Phosphatgehalt des Bodens. Diese beiden Faktoren beeinflussen durch verstärkte Festlegung des Zinks seine Pflanzenverfügbarkeit.
Zinkmangelerscheinungen zeigen sich bei Pflanzen meistens sehr plötzlich. Sie sind auf bestimmte Astpartien beschränkt oder erfassen manchmal auch die ganze Pflanze, wobei das Triebwachstum schwach ist. Bei starkem Mangel sterben ganze Äste ab, bei schwächerem lediglich Triebspitzen, und die Knospen treiben sehr kümmerlich aus. Die dicht gedrängten Blätter sind im allgemeinen dann rosettenartig angeordnet, steif aufgerichtet und besonders bei Birnen sehr schmal. Die sichtbar zinkmangelkranken Baumpartien haben aufgrund gestörter Blütenbildung und mangelnden Fruchtansatzes keine oder nur wenige und zum Teil völlig anomal geformte Früchte, z. B. die Spitzfrüchtigkeit bei Pfirsich.

Zinkmangel – gestauchter Wuchs und Rosettenbildung an einer Gewächshausgurke.

Farnblättrigkeit an Kartoffeln durch Zinkmangel – das unterste Blatt ist gesund.

Nährelemente

Von den Kulturpflanzen leiden verschiedene Obstarten wie Apfel, Birne und Kirsche am meisten unter Zinkmangel. Pflaume und Pfirsich werden im allgemeinen seltener geschädigt. Da die Verfügbarkeit des Zinks wieder in Abhängigkeit vom pH-Wert steht, ist bei Zinkmangel unbedingt eine Bodenuntersuchung durchzuführen und auch hier wieder der Rat der landwirtschaftlichen Untersuchungs- und Forschungsanstalt für das geeignete Düngemittel zu beachten. Auch Zinkmangelerscheinungen können natürlich durch entsprechende Düngung wirkungsvoll bekämpft werden.

Mangan (Mn)
Mangan ist an der Photosynthese beteiligt.
Durch Manganmangel kann Chlorose hervorgerufen werden. Hohe pH-Werte fördern einen solchen Manganmangel, der sich zuerst an Blättern der Kurztriebe, vor allen Dingen bei Obstgehölzen, beobachten läßt.
Vom Blattrand ausgehend entwikkelt sich dann eine zwischen die Blattnerven vordringende Chlorose, die jedoch nicht so stark ausgeprägt erscheint wie z. B. bei Eisenmangel. Es erfolgt nur ein schwaches Triebwachstum, und es kommt zum Absterben der Äste. Allerdings werden komischerweise selbst bei starkem Mangel Fruchtansatz und Fruchtwachstum kaum beeinträchtigt.

Starker Manganmangel an Süßkirsche.

Manganmangel an Tomate.

Manganmangel an Wirsingkohl.

Kupfer (Cu)

Kupfer ist wahrscheinlich an der Photosynthese und an der Bildung bestimmter Zellinhaltsstoffe beteiligt. Kupfermangel wirkt sich besonders nachteilig bei allen Arten von Gräsern aus. Dabei vergilben die Blätter sehr stark; sie können fast weiß werden. Die jüngsten Blätter sind verkrümmt. Kupfermangel tritt aber fast nur auf frischkultivierten Moor- oder Heideböden auf, kaum auf Ton oder Schluff.

Chlor

Auf natürlichen Standorten kommt es im allgemeinen niemals zu Chloridmangel, eher durch zu starke Ausbringung von Streusalz zu einer Chloridüberversorgung.
In geringen Mengen ist das Element Chlor zwar für alle Pflanzen lebensnotwendig; es wurde im Zellsaft der Pflanze gefunden, und man vermutet, daß es bei der Sauerstoffversorgung der Pflanze eine Rolle spielt. Viele Pflanzen reagieren aber sehr empfindlich gegen Chloride z.B. fast alle Obstarten, Bohnen, Kartoffeln, Gurken. Gut chlorverträglich sind Spinat, Mangold, Rote Rüben, Sellerie, Rettich.
Bei der Verwendung von Kalidüngern sollte man vor allen Dingen darauf achten, daß sie chloridarm sind, um Schäden durch eine Chloridüberversorgung zu vermeiden. In den meisten Gartendüngern in Kleinpackungen sind chlorarme Salze enthalten.

Streusalzschaden an einer Platane.

Kupfermangel an Sonnenblumentrieben.

Kupfermangel an Sonnenblume – die linke Pflanze ist gesund.

Molybdän (Mo)
Von Molybdän wissen wir, daß es bei der Festlegung des Luftstickstoffs durch die Pflanzen eine gewisse Rolle spielt. Auch dieses Element hat sich der Aufklärung seiner Bedeutung für die Ernährung der Pflanze bisher weitgehend entzogen.
Molybdänmangel dürfte für die Pflanzen in unseren Gärten nur von geringerer Bedeutung sein, da z. B. Kompost im allgemeinen einen relativ hohen Gehalt an Molybdän aufweist. Er zeigt sich ähnlich wie Stickstoffmangel: mittlere Blätter hellgrün mit Flecken und absterbenden Partien. Beim Kohl sind die Blätter löffelartig verkrümmt. Molybdän ist das einzige Spurenelement, das bei hohen pH-Werten besser verfügbar ist als bei niedrigen.

Nützliche Elemente

Außer den bis jetzt beschriebenen Hauptnährelementen und Spurenelementen gibt es noch einige Wirkstoffe in Böden, die für die Gesundheit der Pflanzen zwar nicht unbedingt lebensnotwendig sind, die sich aber als für das Wachstum nützlich erwiesen haben. Dazu gehören das Silizium (Si) und das Natrium (Na), Chlor (Cl), Kobalt (Co).

Silizium (Si)
Die Kieselsäure ist für eine Reihe von Kulturpflanzen wegen ihrer Bedeutung für die Standfestigkeit besonders wichtig. Vor allen Dingen Gräser sind auf eine reichliche Zufuhr von Silizium angewiesen.
Aber auch alle Gemüsepflanzen sind für eine Zufuhr von siliziumhaltigen Düngern dankbar, da durch die Anreicherung von Kieselsäure in der Pflanze die Widerstandskraft gegen beißende, saugende Schädlinge und gegen Pilzkrankheiten aller Art erhöht wird. Das kommt daher, daß das Silizium in der Zellaußenwand abgelagert wird und daß dadurch die Festigkeit der Außenhaut verstärkt wird.
Diese Bedeutung hat man sehr früh im biologischen Landbau erkannt, wo die Zufuhr von siliziumhaltigen Substanzen zum Boden eine große Bedeutung hat.
Sofern aufgrund einer Bodenuntersuchung Silikat- bzw. Kieselsäuremangel festgestellt wird, so kommen für die Abwendung dieser Erscheinungen vor allen Dingen siliziumhaltige Düngerphosphate und lösliche Kieselsäure bzw. lösliche Silikate in Frage. Da es sich hierbei um Spezialprodukte handelt, muß man sich in einem Gartenfachgeschäft entsprechend beraten lassen.

Natrium (Na)
Die Natriumdünger sind vor allen Dingen wichtig für das Wachstum der sogenannten natriumliebenden Pflanzen, und dazu gehören einige Gemüsearten, vor allen Dingen Rü-

ben, Spinat, Kohl. Auch einige Gräser neigen dazu, bei verbesserter Natriumzufuhr gesünderes Wachstum zu zeigen.
Dagegen vertragen Mais, Zwiebeln, Kartoffeln, Bohnen, Gurken und Sonnenblumen Natrium nicht so gut.
Zu hohe Natriumgehalte führen zum Verschlämmen des Bodens und zu Störungen des Wasserhaushalts der Pflanzen. Natriummängel sind dagegen kaum bekannt.
Da Natrium in Kali-Düngern, Rhenania-Phosphat und in geringem Maße auch in Mehrnährstoff-Düngern enthalten sind, dürfte die Natriumversorgung nicht problematisch sein.

Aluminium (Al)

Obwohl Aluminiumdünger zu den Düngern mit nützlichen Elementen für Pflanzen gehören, spielen sie im Hausgarten kaum eine Rolle. Sie werden in erster Linie benötigt, um den Boden stark zu versauern, und spielen daher nur dann eine Rolle, wenn jemand eine Blaubeerkultur in seinem Garten hat. Für die meisten Kulturpflanzen und vor allen Dingen auch für die Gemüsepflanzen ist Aluminium schädlich, es wirkt giftig und soll für Säureschäden von Pflanzen verantwortlich sein.

Kobalt (Co)

Kobalt wird nur in sehr geringen Mengen benötigt, und zwar im wesentlichen für das Vitamin B_{12}, das z. B. an der Stickstoffbindung der mit Leguminosen in Symbiose lebenden Bakterien beteiligt ist.

Spinatblatt mit Stickstoffüberschuß und Molybdänmangel – das linke Blatt dagegen ist gut ernährt.

Molybdänmangel an Blumenkohlpflanze – die Blattspreiten fehlen teilweise bis zur Mitte.

Mangelsymptome

Wie erkennt man Ernährungsstörungen?

Für das Auftreten von Krankheitszeichen an Pflanzen kommen hauptsächlich folgende Ursachen in Frage:

a) Alle Arten von Schädlingen und Pflanzenkrankheiten

b) Mangel an allgemeinen Wachstumsfaktoren, z. B. Licht, Wärme, Wasser, Sauerstoff im Boden

c) Mangel oder Überschuß an mineralischen Nährstoffen

d) spezielle Vergiftungen.

Von besonderer Bedeutung für die Ernährungsstörungen bei Pflanzen sind in diesem Zusammenhang Störungen in der Düngung. Diese Störungen machen sich sowohl als Mangel als auch als Überschußanzeichen bemerkbar. Eine Überversorgung von Pflanzen ist zwar im allgemeinen seltener, dafür aber besonders schwierig festzustellen. Sie kommt sehr häufig in Hausgärten vor, da die meisten Gärtner nach dem Motto verfahren: »Viel hilft viel«.

Die Diagnose eines Mangels ist auch nur annäherungsweise möglich, da zu viele Faktoren das Schadbild beeinflussen können.

Das wichtigste Merkmal für die Beurteilung von Ernährungsstörungen ist der Ort, an dem der Mangel das erste Mal beobachtet wird. Wir unterscheiden da zwischen den älteren und den jüngeren Blättern.

Tritt eine Störung zuerst an älteren

Der Unterschied zwischen dem gesunden Apfelzweig und dem chlorotischen ist hier sehr deutlich.

Starker Kalimangel an Buche.

Blättern auf, so ist damit deutlich, daß der Pflanze Stickstoff, Phosphor, Kali oder Magnesium fehlt. Werden Mangelsymptome zuerst an jüngeren Blättern festgestellt, so deutet es darauf hin, daß ein Element wie Eisen (Fe), Zink (Zn), Kupfer (Cu) und Bor (B) fehlt.
Diese grobe Unterscheidung ist allerdings nur im Anfangsstadium sinnvoll. Bei einem stärker werdenden Mangel werden später alle Blätter erfaßt, und da es aufgrund des Mangels zu weiteren Schäden kommt, ist dann eine eindeutige Diagnose nicht mehr möglich.
Wir unterscheiden bei den auftretenden Ernährungsstörungen ferner die Chlorosen und die Nekrosen.
Bei **Chlorosen** handelt es sich um gelbliche Verfärbung. Dabei ist die Chlorophyllbildung gestört, aber die Schäden sind durchaus noch reparierbar, d.h., sie können durch eine entsprechende gezielte Versorgung der Pflanzen mit Mineraldünger korrigiert werden. Chlorosen sind ein typisches Zeichen für einen Mangel an Stickstoff, Magnesium, Schwefel, Eisen. Sie gehen dann bei länger anhaltender Dauer und sich verstärkendem Mangel in Nekrosen über.
Bei **Nekrosen** handelt es sich nun um bräunliche Verfärbungen. Diese Verfärbungen deuten auf bereits abgestorbenes Gewebe hin. Solche Schäden sind nicht mehr reparierbar. Durch eine zusätzliche Versorgung der Pflanze mit Düngern kann lediglich die Neubildung von Blättern gefördert werden, sofern die Pflanze nicht bereits ganz abgestorben sein sollte. Das Auftreten solcher Nekrosen nach einem kurzen Übergangsstadium einer Chlorose ist ein typisches Zeichen für einen Mangel an Kali, Magnesium und Kupfer.
Während die Diagnose von gesondert auftretenden Einzelerkrankungen noch relativ einfach möglich ist, dürfte es dem Laien sehr schwierig sein, komplexere Schadbilder eindeutig einzuordnen. Ein solch komplexes Schadbild ist z.B. der sogenannte Säureschaden, der mit braunen und rötlichen Verfärbungen auf gelblichen Blättern einhergeht und seine Ursache meistens darin hat, daß einige Nährstoffe im Mangel vorliegen, während andere sogar im Überschuß da sind. Überschußschäden spielen vor allen Dingen bei jungen Pflanzen eine große Rolle, da sie gegen hohe Salzgehalte im Boden sehr empfindlich sind.
Für denjenigen unter den Lesern, der sich speziell mit der Diagnose von Pflanzenerkrankungen beschäftigt, würde sich die Anschaffung einer guten Lupe und sogar eines Mikroskops lohnen. Man kann nämlich anhand des Einblicks in Gewebeveränderungen einige Schadbilder erkennen, dies erfordert aber sehr spezielle Kenntnisse. Auch hier muß wieder gesagt werden, daß bei Unklarheiten der Weg zum nächsten Pflanzenschutzamt

gesucht werden sollte, da nur durch eine Gesamtanalyse der Pflanze eine Aufklärung über Pflanzenschäden möglich ist.
In diesem Zusammenhang spielt auch eine große Rolle die Bodenuntersuchung auf **verfügbare** Nährstoffe. Eine allgemeine Bodenanalyse, die lediglich etwas aussagt über die Gehalte von Nährstoffen im Boden, ist bei der Beurteilung von Pflanzenernährungsstörungen nicht genügend. Sie muß ergänzt werden durch die Frage: Was ist an diesen Nährstoffen nun wirklich pflanzenverfügbar? Der Gehalt an verfügbaren Nährstoffen in einem Boden ist sehr stark abhängig von den Wetterbedingungen. Nährstoffe werden z. B. bei zunehmender Trockenheit meist wesentlich stärker festgelegt. Bei wieder zunehmender Feuchtigkeit dagegen gehen sie wieder stärker in die Bodenlösung und sind besser verfügbar. Um Ihnen das Bestimmen von Nährstoffstörungen bei Ihren Kulturpflanzen zu erleichtern, haben wir eine Tabelle zusammengestellt. Sie ist in drei Abschnitte unterteilt: 1.) Erscheinungen, die am ausgeprägtesten an älteren Blättern beobachtet werden; 2.) Erscheinungen, die überwiegend an jüngeren Blättern und Sproßorganen beobachtet werden, und 3.) in Abhängigkeit von Pflanzenart und dem Zeitpunkt des Auftretens des Mangels Erscheinungen, die sowohl an jüngeren und/oder älteren Blättern bzw. Sproßorganen zu beobachten sind.
In diesen drei Gruppen wird dann jeweils kurz beschrieben, zu welchen Verfärbungen es bei entsprechendem Mangel kommt. Bei den Beschreibungen der einzelnen Nährstoffe (S. 23 ff.) und auch in den Kapitel »Mangelerscheinungen beheben« finden Sie die entsprechenden Abbildungen.

Düngeversuch bei Kopfkohl: die beiden linken Kohlreihen wurden mit einem Mehrnährstoffdünger gedüngt, die rechten dagegen nicht. Die unterschiedliche Wüchsigkeit ist deutlich.

Einfacher Schlüssel zur Bestimmung von Ernährungsstörungen an Kulturpflanzen

Weist hin auf Mangel an

Ältere Blätter der Pflanzen am stärksten betroffen, Erscheinungen nur vereinzelt oder allgemein gesamtes Wachstum der Pflanze verändert.

→ Erscheinungen an der gesamten Pflanze: Verfärbung hell- oder dunkelgrün, die unteren Blätter sind am stärksten mit mehr oder weniger gelb-, gelbbraun-, braun oder rotbraunen Färbungen betroffen. Ferner sind Nekrosen und Vertrocknungen sowie Starrtracht zu beobachten. Die Pflanzen sind im allgemeinen klein.

→ Pflanzen erscheinen hellgrün bis gelbgrün, die unteren Blätter werden von den Spitzen ausgehend gelb. Sie vertrocknen mit einer hellbraunen Verfärbung. Die Stengel sind im allgemeinen kurz und dünn. → **Stickstoff (N)**

→ Pflanzen erscheinen dunkelgrün bis blaugrün verfärbt. Die Stengel, Blattstiele und Adern sind oft rot bis purpurfarben verfärbt. Die unteren Blätter werden z.T. gelb, braun, rot und vertrocknen mit grünbrauner, z.T. schwarz getönter Färbung. Bei Äpfeln kommt es zu einer schmutzig-purpurnen und bronzefarbenen Verfärbung, die Stengel bleiben kurz und dünn. → **Phosphor (P)**

→ Erscheinungen meistens lokalisiert: chlorotische Fleckenbildung mit oder ohne Nekrosen bzw. abgestorbenen Zonen an den Basalblättern. Das Erscheinungsbild geht einher mit oder ohne Absterben dieser Basalblätter.

→ Bei zweikeimblättrigen Pflanzen wie z.B. Obstbäumen und einigen Stauden: Mehr oder weniger ausgeprägte gelbgrüne bis gelbe Chlorosen, vor allen Dingen an den älteren Blättern zu beobachten. Die Chlorosen werden z.T. durch Nekrosen abgelöst. Besonders bei Obstbäumen werden oft fischgrätenartig angeordnete braune Flecken entlang der Hauptader beobachtet, bevor das Blatt gelb wird. Die Blattnerven erscheinen mit breitem grünem Saum, während die Blattränder häufig noch grün sind. Die Spitzen und Ränder der Blätter erscheinen oft aufwärts gewölbt, die Stengel sind häufig dünn. Bei Nadelbäumen wird das Gelbwerden der Nadeln beobachtet, das als Gelb- bzw. Goldspitzigkeit bezeichnet wird. → **Magnesium (Mg)**

→ Welketracht: Bei einigen Pflanzen kommt es zur weißen bis weißbraunen Punktierung entlang des Blattrandes. Meistens werden von der Blattspitze und vom Blattrand ausgehende Chlorosen beobachtet mit nachfolgenden braunen, gelbbraunen, rötlichbraunen bis dunkelbraunen Nekrosen. Sie sind zunächst fleckenartig, fließen später zusammen, um größere Flächen zu bilden. Die Blätter vertrocknen mit gelbbrauner bis brauner Verfärbung, Blattränder sind auf- oder abwärts gebogen. Häufig wird auch massenweises Absterben der älteren Blätter beobachtet.
Bei Nadelblättern werden rote bis rotbraune Verfärbungen der Nadeln beobachtet, die als Rot- oder Braunspitzigkeit bezeichnet werden. → **Kalium (K)**

Einfacher Schlüssel zur Bestimmung von Ernährungsstörungen an Kulturpflanzen

(Weist hin auf Mangel an →)

- Symptome zuerst an jüngeren Blättern, vorwiegend begrenzt. Die mittleren Blätter sind z.T. stärker betroffen.
  - Welken bzw. Chlorose an jüngeren Knospen oder Knospenblättern, z.T. mit Nekrosen. Adern hell- oder dunkelgrün verfärbt.
    - Junge Blätter sind nicht verwelkt. Die Chlorosen, mit oder ohne Nekrosen, über das ganze Blatt verteilt.
      - Bei Gräsern Streifen- bis Flecken-Chlorosen. Häufig in graubraune Flecken mit z.T. dunklerer Umrahmung übergehend. Hauptsächlich an jüngeren bis mittleren Blättern. Bei starkem Mangel fließen diese Flecken zusammen (Dörrfleckenkrankheit). Z.T. Abknicken der Blattspreiten meist im unteren Teil. Blattspitzen sind häufig normal grün, zumindest am Anfang, hängen jedoch schlaff herunter. Bei zweikeimblättrigen Pflanzen Chlorosen mit grün gesäumten Hauptadern, vor allem der jüngeren bis mittleren Blätter. Die jüngeren Blätter erscheinen zunächst olivgrün. Auch die kleinsten Adern bleiben meistens grün. Später Fleckennekrosen, die z.T. löchrig werden. → **Mangan (Mn)**
      - Die jüngsten Blätter zeigen Chlorosen, meist ohne Nekrosen. Die Adern sind entweder hell- oder dunkelgrün verfärbt, z.T. ebenfalls chlorotisch.
        - Die jüngsten Blätter zeigen gelbgrüne, zitronengelbe bis gelbweiße Chlorosen mit scharf abgesetzten grünen Hauptadern. Gelegentlich erscheinen die feinsten Adern noch grün. Die Stengel sind dünner und kürzer als normal, bei starkem Mangel werden auch die Adern chlorotisch, vom Rand aus beginnend braune Nekrosen auf den Blattflächen. → **Eisen (Fe)**
        - Jüngste Blätter einschließlich der Hauptadern hellgrün bis gelbgrün und gelb. Blattadern oftmals heller als die Blattspreite. Pflanze insgesamt hellgrün. Starrtracht, ähnlich wie bei N-Mangel. Der Sproß ist kurz und zart. → **Schwefel (S)**
    - Bei zweikeimblättrigen Pflanzen wie z.B. Obstbäumen: Junge Blätter hängen wie welk herab, z.T. mißgestaltet. Die Blätter haben eine Verfärbung nach hellem Gelb mit häufig gelblichweißen bis braungelben Nekrosen. Blütenstände oft mißgestaltet. Vertrocknen und Verkahlen der Zweigenden (=Spitzendürre). Häufig auch spiraliges Verdrehen der endständigen Nadeln und Abbiegen der Zweige bei Nadelbäumen. → **Kupfer (Cu)**
  - Nach Verformungen an den jüngsten Blättern, die entweder von der Spitze oder vom Basalende her beginnen, Absterben der Endknospen.
    - Junge Blätter oder auch die Spitzentriebe haken- oder krallenförmig an der Spitze abgebogen. An der Blattspreite ist ein Eintrocknen und Aufreißen (flattriges Aussehen) zu beobachten. Es beginnt an den Spitzen und Rändern mit hell- bis weißgrüner, z.T. auch graubrauner Verfärbung. Der gelegentlich violett verfärbte Stengel knickt unterhalb der Blüten oder Sproßspitze aufgrund einer eingeschnürten und abgestorbenen weichen Zone ab. Der so gestauchte Sproß stirbt ab. Es kommt zur Blütenendfäule bei Früchten, Stippigkeit bei Äpfeln, Blattrand- und Innenblatt-Nekrosen bei Gemüsepflanzen, Salat und Kopfkohl. → **Calcium (Ca)**
    - Verdicken der Endknospen und hellgrüne Verfärbung der Blätter der Endknospe. Blätter sind verformt und mißgestaltet, verdreht und verkümmert. Häufig verdickt, starr und spröde. Der Sproß ist gestaucht. Stengel und Endknospen sowie Vegetationspunkte sterben unter Braun- und Schwarzwerden ab (Herz- und Trockenfäule bei Rüben). In Stengel und Strünken hohle Stellen. In Knollen „Glasigkeit", „Braunherzigkeit". Gelegentlich Seitenblatt- und Seitentriebbildung, z.B. Hexenbesen bei Obstbäumen und Storchennestbildung bei Nadelbäumen. → **Bor (B)**

Einfacher Schlüssel zur Bestimmung von Ernährungsstörungen an Kulturpflanzen

Je nach Pflanzenart und dem Zeitpunkt des Auftretens der Mangelerscheinung werden die Symptome an jüngeren oder auch älteren Blättern bzw. sonstigen Organen der Pflanze beobachtet:

Symptome	Weist hin auf Mangel an
Bei fast allen Kulturpflanzen blaßgrüne Blätter oder Gelbfleckigkeit. Blattspitzen und Blattränder zeigen Nekrosen. Auftreten chlorotischer und nekrotischer Flekken in den Blättern, Mittelrippen wachsen oft allein mit stark reduzierten Blattspreiten (Peitschenstielerkrankung bei Blumenkohl und anderen Kohlarten). Der Vegetationspunkt stirbt unter Verdrehen der Herzblätter ab (Klemmherzigkeit bei Blumenkohl). Die geschilderten Symptome sind im allgemeinen an jüngeren Blättern zu beobachten.	Molybdän (Mo)
Chlorotische, sich schnell vergrößernde Fleckenbildung mit kleinen oder größeren abgestorbenen Zonen, wobei es zu einer Aufhellung bis zur Farbe Weiß kommen kann. Grüner Saum um die Adern, von den älteren Blättern ausgehend sich über die ganze Pflanze ausbreitend. Diese Erscheinung beginnt oft bei den jüngeren Blättern, die meist dick, spröde und sehr klein sind (Kleinblättrigkeit). Bei Bäumen häufig gestauchte Sprosse = Zwergwuchs mit büschelartig angeordneten Blättern, sogenannte Rosettenbildung.	Zink (Zn)

Stickstoffmangel an Rosenkohl – die ältesten Blätter vergilben.

Magnesiummangel an Sellerie.

Grünkragigkeit an Tomaten – K-Mangel.

Beginnender Eisenmangel an Süßkirsche.

Wie kann man eine Pflanze ernähren?

Der Verkauf und die Bezeichnung der Düngemittel ist in Deutschland durch ein Gesetz geregelt, das Düngemittelgesetz. Es heißt dort: »Düngemittel sind Stoffe, die dazu bestimmt sind, unmittelbar oder mittelbar Nutzpflanzen zugeführt zu werden, um ihr Wachstum zu fördern, ihren Ertrag zu erhöhen oder ihre Qualität zu verbessern.«

Welche Düngemittel gibt es?
Die Düngemittel kann man nach verschiedenen Ordnungsprinzipien einteilen.
Wenn wir sie nach der Art ihrer Entstehung einordnen, so haben wir zwei große Gruppen.
Naturdünger, hierzu gehören Stoffe, die auf natürliche Weise entstanden sind und ohne große Aufbereitung so verwendet werden, wie sie anfallen, wie z. B. Stallmist, Laubstreu, Schlamm, Horn, Kalk, Mergel und Rohphosphat.
Mineraldünger, sie werden durch die chemische Veränderung von Naturprodukten hergestellt.
Wenn wir die Düngemittel nach ihrer Herkunft unterscheiden, so teilen wir sie ein in:
Handelsdünger, das sind Düngemittel, die im Handel verkauft werden und dem Düngemittelgesetz unterliegen.
Wirtschaftsdünger, sie stammen aus dem landwirtschaftlichen Bereich. Als Beispiel sei hier der Stallmist, die Gülle, Kompost, Stroh und Mergel aus dem Untergrund der eigenen Felder genannt.
Außerdem können wir die Dünger auch nach der Art ihrer Wirkung unterteilen:
Pflanzendünger enthalten wesentliche Anteile an Pflanzennährstoffen und versorgen damit die Pflanzen direkt. Dazu gehören die meisten Stickstoff-, Phosphor- und Kalidünger. Aber auch Jauche und Gülle, die sehr direkt auf die Pflanze wirken, müssen dazu gezählt werden.
Bodendünger verbessern in erster Linie den Boden, ohne direkt auf die Pflanze einzuwirken. Sie haben zwar außerdem eine gewisse Bedeutung als Nährstoffquelle, sind in erster Linie jedoch zur Verbesserung des Kultursubstrats gedacht. Als Beispiel seien hier Kalk, Torf und Stroh genannt.
Ferner können wir die Dünger auch noch nach der Schnelligkeit ihrer Wirkung unterteilen:
Schnell wirkende Dünger stellen die in ihnen enthaltenen Nährstoffe den Pflanzen sofort zur Verfügung. Dazu gehören alle wasserlöslichen Mineraldünger.
Langsam wirkende Dünger wirken erst nach einer Umsetzung im Boden. Dazu gehören z. B. alle Düngemittel, die aus Hornmehl, Knochenmehl, Blutmehl, Tierkörpermehl, Federn, Schweineborsten und sonstigen Abfallstoffen vom Tier bestehen. Sie müssen erst im Boden von

Dünger streuen.

Düngemittel

Nährstoffgehalt und Wirkung verschiedener Düngemittel

Düngemitteltyp und Handelsname	Gehalt an Nährstoffen in %						
	Stick-stoff N	Phos-phor P_2O_5	Kali K_2O	Magne-sium MgO	Kalk CaO	Sili-zium SiO_2	Spuren-elemente
Organische Dünger							
Hornspäne	14	0	0	0	6	0	arm
Hornmehl	10–14	0	0	0	6	0	arm
Blutmehl	12–13	0	0,8	0	0	0	reich
Knochenmehl	1	30	0	0	8–10	0	mittel
Oscorna-Animalin	6	9	1	0	8–10	0	mittel
Oscorna-Universal	6	6	1	0	8–10	0	mittel
Oscornahum	ca. 3	ca. 3	ca. 1	0	10	0	gering
Knochenmehl gedämpft	5	20	0	0	8–10	0	mittel
Hornoska organisch	6	6	0	0	8–10	0	mittel
Mannahum	ca. 13	ca. 3	ca. 2	0	6	0	gering
Guano-Vogelmist	7	11	2,5	1	12	0	reich
Organisch-mineralische Dünger							
Hornamon Spezial	8	7	10	1,5	ca. 6	0	reich
Hornoska Spezial	8	7	10	1,5	ca. 6	0	reich
Manna Spezial	7	7	9	1	ca. 6	0	reich
Cornamon C6	4	5	1	2	ca. 6	0	reich
Mineraldünger							
Thomasmehl	0	16–20	0	1–4	45–50	0	reich
Kalimagnesia	0	0	30	10	0	0	arm
Kalkstickstoff	ca. 22	0	0	0	55	0	arm
Blaukorn	8	8	8	0	0	0	mittel
Bodenverbesserer							
Algenkalk	0	0	0	10	80	0	reich
Basaltmehl	0	0,9	0,5–1	3–4	1	0	reich
Bentonit-Tonmehl	0	0	2	4	4	56	sehr reich
Verschiedene Torfe	0–2	0–2	0–2	0	0	0	arm
Nettolin	3	3	4	0	0	0	arm

Diese Zusammenstellung der Düngemittel erhebt keinen Anspruch auf Vollständigkeit.

	Anwendung und Wirkung			
Einfluß auf pH-Wert	Wie oft im Jahr düngen?	Für welche Pflanzen geeignet?	Düngewirkung im 1./2./3. Jahr in %	Hinweise und Bemerkungen
neutral	1–2mal	für alle Pflanzen	50/30/20	Depotdünger, altbewährt
neutral	3–4mal	für alle Pflanzen	100 im 1. Jahr	wirkt sehr schnell
neutral	3–4mal	für alle Pflanzen	100 im 1. Jahr	in Wasser auflösen
alkalisch	3–4mal	für Blütenpflanzen	100 im 1. Jahr	wirkt schnell
neutral	3–4mal	Gemüse, Rosen	80/20/0	frei von chromhaltigen Leder- und Hautmehlen bzw. Horn-Knochen-Blutmehl
neutral	3–4mal	Gemüse, Obst	80/20/0	
neutral	6–8mal	als Humusbildner	100 im 1. Jahr	
alkalisch	3–4mal	für Blütenpflanzen	100 im 1. Jahr	klumpt leicht
neutral	3–4mal	für alle Pflanzen	100 im 1. Jahr	Horn- und Knochenmehl
neutral	6–8mal	Humusdünger	100 im 1. Jahr	Stallmist
neutral	3–4mal	für alle Pflanzen	100 im 1. Jahr	wirkt schnell
neutral	3–4mal	Gehölze	80/20/0	$^{2}/_{3}$ dieser Dünger sollten im Herbst und $^{1}/_{3}$ im Frühjahr gegeben werden
neutral	3–4mal	Gehölze	80/20/0	
neutral	3–4mal	Gehölze	80/20/0	
neutral	6–8mal	für alle Pflanzen	100 im 1. Jahr	
alkalisch	2mal	Blütenpflanzen	80/20/0	Schwermetall
sauer	2mal	leichte Böden	100 im 1. Jahr	bei Vergilbungen
alkalisch	1mal	bei Verunkrautung	40–80/20–60/0	Vorsicht, ätzt!
alkalisch	2mal	nicht b. Moorbeetpfl.	40–80/20–60/0	stark wässern
alkalisch	das ganze Jahr über etwas auf den Boden	nicht zu Moorbeetpflanzen geben	45/35/20	auf Kochsalz-Gehalt achten
alkalisch				gut in den Boden einarbeiten, sonst Verkrustungen!
alkalisch				
sauer	2mal	Moorbeetpflanzen	keinen Dünger!	nicht austrocknen lassen
neutral-sauer	2mal	leichte Böden	100 im 1. Jahr	gut einwässern

den Kleinlebewesen verarbeitet werden. Der Kot dieser Kleinlebewesen enthält dann die in den Ausgangsstoffen enthaltenen Nährstoffe in pflanzenverfügbarer Ionenform. Die Wirkung dieser Dünger hängt von der Temperatur und Feuchte des Bodens ab.

Wir können die Dünger auch nach der Art der chemischen Verbindung einteilen:

Bei organischen Düngern handelt es sich meistens um Gemische vieler organischer Verbindungen, wie sie z. B. in Stallmist, Horn-, Knochen- und Blutmehl enthalten sind.

Mineraldünger bestehen entweder aus einzelnen oder mehreren Verbindungen. Sie enthalten, wie der Name schon sagt, mineralische Nährstoffe, die entweder direkt auf die Pflanze einwirken oder ihre Nährstoffe erst nach einer gewissen Umsetzung im Boden freigeben. Für letztere Art der Dünger hat sich auch der Name Depotdünger eingebürgert.

Dann kennen wir noch die Einteilung nach der Anzahl der Nährelemente:

Einzeldünger sind Düngemittel, die nur einen Nährstoff oder nur ein wesentliches Nährstoffelement enthalten, wie z. B. die Stickstoffdünger.

Mehrnährstoffdünger sind nun Düngemittel mit mehreren Nährstoffen, wobei 2–6 verschiedene Hauptnährelemente miteinander kombiniert werden. Diese Dünger bezeichnen wir auch mit dem Begriff Volldünger, da sie meistens Stickstoff, Phosphor, Kali, also die 3 Grundelemente der Pflanzenernährung enthalten.

Hauptnährstoffdünger enthalten die wesentlichsten Hauptnährstoffe (N, P, K, Mg) der Pflanze und können bei Bedarf den Pflanzen in größeren Mengen zugeführt werden.

Spurennährstoffdünger enthalten sowohl nur 1 Spurenelement als auch Kombinationen von mehreren Spurenelementen. Mangandünger, Kupferdünger, Eisendünger und Borax sind Beispiele.

Schließlich kann man auch noch nach der äußeren Form unterteilen, und zwar in **feste, flüssige und gasförmige Dünger** (z. B. Ammoniakgas).

Verschiedene Düngemittel

Es ist sicherlich verständlich, daß nicht alle Düngemittel ausführlich besprochen werden können. Wir konzentrieren uns daher stärker auf diejenigen, die vor allen Dingen für den Hausgarten von Bedeutung sind. Viele mineralische Einzeldünger sind nicht oder höchst selten in Kleinpackungen im Handel!

Mineralische Mehrnährstoffdünger

Die mineralischen Mehrnährstoffdünger sind in zahlreichen verschiedenen Produkten auf dem Markt.

Die einzelnen Sorten unterscheiden sich lediglich in ihrem Namen voneinander, da die Ausgangssubstanzen in allen Produkten fast gleich sind. Es empfiehlt sich also bei Einkäufen von diesen mineralischen Düngemitteln, auf den Preis zu achten und eventuell das preisgünstigste Angebot auszuwählen.
Die bekanntesten Mehrnährstoffdünger sind das Blaukorn, auch Grünkorn, Gelbkorn und Rotkorn sind im Handel. Ferner gehören zu dieser Gruppe so bekannte Düngemittel wie Nitrophoska und viele andere, in denen Stickstoff, Phosphor und Kali enthalten sind. Auch die ganze Reihe der verschiedensten Spezialdünger, z. B. Rasendünger, die von zahllosen Herstellern angeboten werden, sind Mehrnährstoffdünger. Diese verschiedenen Düngertypen unterscheiden sich in den Nährstoffverhältnissen voneinander. Rasendünger sind z. B. eher stickstoffbetont, während Dünger für Blütenpflanzen etwas höhere Phosphorgehalte und Beerendünger im allgemeinen viel Kali enthalten!
Die genauen Aufwandmengen richten sich nach den Ergebnissen einer Bodenanalyse und nach den Ansprüchen der Kulturen, die gedüngt werden sollen (S. 87 ff.). Alle die mineralischen Mehrnährstoffdünger und auch die Einnährstoffdünger sollten aber sparsam und sorgfältig angwendet werden, da es leicht zu einer Überversorgung der Pflanzen kommen kann.

Einzeldünger

Stickstoffbetonte Dünger
Die Gehalte der am Markt angebotenen Stickstoffdünger schwanken von 15–38% Stickstoff, und es passiert sehr häufig, daß der gutmeinende Gartenbesitzer manchmal etwas zuviel Stickstoff düngt.
Pflanzen nehmen – wie gesagt – Stickstoff in Ammonium- (NH_4^+) oder in Salpeterform (NO_3^-) auf. Es gibt Dünger mit einem oder sogar beiden der Stickstoff-Formen.
Salpeter-Stickstoff (z. B. Kalksalpeter, Natronsalpeter) wirkt sehr schnell und wird daher meist als Kopf- oder Zusatzdüngung in mehreren Raten während des Pflanzen-Wachstums gegeben. Ist das Wetter kühl und naß, so daß die Pflanzen nicht weiterwachsen, daher auch kaum Düngersalze aufnehmen, wird der Salpeter-Stickstoff durch Niederschläge schnell ins Grundwasser ausgewaschen. Deshalb ist es hier besonders wichtig, öfter mal in kleinen Raten zu düngen.
Ammonium-Dünger (z. B. Schwefelsaurer Ammoniak) werden nicht so leicht ausgewaschen und wirken auch nicht so schnell wie Salpeter-Dünger. Sie eignen sich als Grunddüngung.
Die kombinierten Ammonsalpeterdünger (z. B. Ammonsulfatsalpeter, Kalkammonsalpeter) verbinden die prompte Wirkung des NO_3 mit der länger anhaltenden des NH_4.

Düngemittel

Da bei Stickstoff immer die Gefahr der Auswaschung und damit unter anderem die Gefahr der Anreicherung des Grundwassers mit dem leichtlöslichen Nitrat-Stickstoff gegeben ist, wird bei Mineraldüngern der Stickstoff häufig »ummantelt«, damit er nur langsam freigesetzt wird. Man bezeichnet solche Dünger auch als »denkende Dünger«, da sie ihre Nährstoffe nur in Abhängigkeit von Temperatur und Feuchte des Bodens freisetzen und somit die Nährstoffe immer dann der Pflanze zur Verfügung stehen, wenn die Pflanze sie auch aufnehmen kann.
Die Idealform des »denkenden Düngers« sind Naturdünger auf Basis von Hornspänen (siehe dazu S. 60). Nun hat man versucht, dieses Prinzip des in natürlicher Form vorliegenden »denkenden Düngers« auf Basis von Horn auf die Mineraldünger zu übertragen, und obwohl wir normalerweise in diesem Buch keine Namen nennen, muß hier als Paradebeispiel für einen langsam fließenden und damit denkenden Dünger das Nitrophosca permanent, ein NPK-Dünger, erwähnt werden.

Kalkstickstoff kann man für den Komposthaufen verwenden.

Kalkstickstoff

Bei der Anwendung von Kalkstickstoff, einem 22% Stickstoff enthaltenden Dünger mit gleichzeitiger Wirkung gegen Unkräuter und Schadpilze im Boden, ist Vorsicht angebracht! Man sollte bei der Anwendung Handschuhe tragen und darauf achten, daß von diesem Kalkstickstoff nichts auf unbedeckte Körperteile kommt oder sogar der Staub eventuell eingeatmet wird.
Kalkstickstoff ist gleichzeitig ein relativ umweltfreundliches Unkrautvernichtungsmittel und sollte im Zweifelsfalle anderen Produkten vorgezogen werden – sofern man überhaupt meint, die Wildkräuter (= »Unkräuter«) vernichten zu müssen, denn auch sie sind im Garten wichtig. Vor allem bei der Kompostbereitung hat sich das Produkt bewährt.

Phosphorbetonte Dünger

Häufig wird Thomasmehl verwendet – ein sehr langsam wirkender Dünger –, das als Nebenprodukt der Stahlherstellung anfällt. Thomasmehl enthält viel Kalk (sowie etwas Magnesium und Mangan) und wird daher auf saure Böden und auf den Kompost gestreut, da er pH-erhöhend wirkt.

Weicherdige Rohphosphate (z. B. Hyperphosphat) wirken extrem langsam und können wie Thomasmehl schon im Winter ausgestreut werden. Sie sind geeignet für sehr saure Böden und sind im biologischen Anbau zugelassen. Rohphosphate werden in verschiedenen Teilen der Welt (z. B. Nordafrika, Nordamerika) abgebaut und stammen vor allem von Tierkörperresten des Tertiärs. Sie sind ebenfalls kalkhaltig, können aber auch, je nach Herkunft, geringe Spuren von Cadmium (!) enthalten.

Beim Aufschluß von Rohphosphaten gewinnt man Super- oder Rhenaniaphosphat. Rhenaniaphosphat ist kalkhaltig, wirkt aber schneller als Thomasphosphat. Superphosphat, ein vielverwendetes Produkt, ist wasserlöslich, also schnell pflanzenverfügbar und wird, da es eher sauer wirkt, auf kalkreiche Böden gegeben, ist aber in Kleinpackungen schwer zu bekommen.

Kalidünger

Man sollte sich merken, daß leichte Böden jährlich mit Kali zu düngen sind, während auf schweren Böden durchaus mal ein Jahr ausgelassen werden kann. Kalidünger enthalten das Kalium in Chlorid- oder in Sul-

Kalidynamik im Boden.

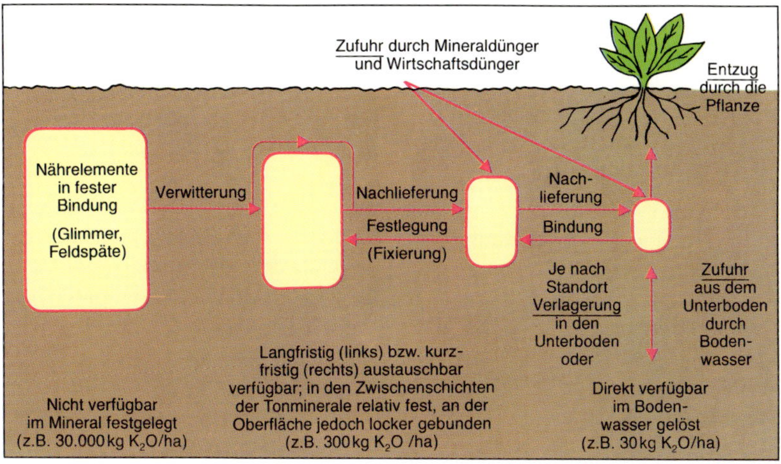

fatbindung (Kalisulfat). Höhere Chloridmengen sind für Johannisbeeren, Himbeeren, Stachelbeeren und Erdbeeren schädlich. Auch alle Stauden und fast alle Gemüsepflanzen reagieren auf hohe Chloridmengen negativ. Man sollte daher bei der Ausbringung von Kalidüngern darauf achten, daß sie nach Möglichkeit chloridfrei sind.

Kalkdünger

Für die Kalkung stehen verschiedene Kalkarten zur Verfügung. Wir kennen den Branntkalk, Hüttenkalk, Algenkalk, Löschkalk, Kalkmergel und noch viele andere.

Für den Gartenbesitzer ist es nicht immer einfach, das für seinen Zweck richtige Produkt aus dem großen Angebot herauszufinden, und aus diesem Grunde haben wir die häufigsten Kalkdünger, die in jedem guten Gartenfachgeschäft zu erhalten sind, in einer Tabelle zusammengefaßt. Die näheren Angaben entnehmen Sie bitte der Tabelle auf Seite 57.

Ein ganz wichtiges Kriterium für die Auswahl der richtigen Kalkform ist die Geschwindigkeit, mit der der Kalk im Boden wirkt.

Zu den schnellwirkenden Kalken gehören der Branntkalk und der Löschkalk, mit denen ein zu niedriger pH-Wert bzw. die eventuell im Überschuß vorhandene Bodensäure schnell beseitigt werden kann.

Diese Kalke sind gut wasserlöslich, und wenn man sie gut mit dem Oberboden vermischt, wird dort der pH-Wert schnell erhöht. Sie sind besonders für mittlere und schwere Böden zu empfehlen.

Zu den langsam wirkenden Kalken zählen wir den kohlensauren Kalk und vor allem den Hüttenkalk. Diese beiden Kalksorten müssen im Boden erst mit Hilfe einer chemischen Reaktion umgesetzt werden, was besonders bei Hüttenkalk sehr lange dauern kann, und von daher sind diese Kalke vor allem für leichte Böden besonders gut geeignet.

Bei den Formen der Kalkung unterscheiden wir die Gesundungskalkung und die Erhaltungskalkung.

Bei der Gesundungskalkung geht es darum, einem Boden, der einen sehr niedrigen pH-Wert hat, möglichst schnell zu einem höheren pH-Wert zu verhelfen. Eine solche Gesundungskalkung wird im Zweifelsfall bei der Neuanlage eines Gartens auftreten, wenn es sich bei dem Grundstück um ein bisher landwirtschaftlich genutztes Grundstück handelt, das vielleicht sogar brach gelegen hat.

Die genaue Menge an Kalk ist nur mit Hilfe einer Bodenuntersuchung feststellbar. Zu diesem Zweck wird ungefähr 200–500 g Boden von der Parzelle an eine landwirtschaftliche Untersuchungs- und Forschungsanstalt eingeschickt. Die Probennahme ist auf S. 13 beschrieben.

Die zweite Form der Kalkung ist die Erhaltungskalkung. Hier handelt es

Zusammenstellung einiger der gebräuchlichsten Kalkdünger

Produktbezeichnung	Für welche Böden geeignet?	Wirkungsweise
Kalkmergel (Kohlensaurer Kalk) 80–90% $CaCO_3$	Zur Erhaltungskalkung für leichte und mittlere Böden. Zur Gesundungskalkung von Sand- und Moorböden.	Milde und lange anhaltende Wirkung. Ältester bekannter Kalkdünger.
Kohlensaurer Kalk mit Magnesium, 80–90% $CaCO_3 + 5–14\%\ MgCO_3$	Wie oben, aber auch bei geringem Magnesiummangel.	Wirkung wie oben.
Kohlensaurer Magnesiumkalk, 85–95% $CaCO_3 + 15–40\%\ MgCO_3$	Wie oben, aber vor allem bei **starkem** Magnesiummangel.	Wirkung wie oben.
Branntkalk, gekörnt 85–90% CaO	Für alle Böden geeignet, auch zur Kalkung von Gewässern.	Schnelle Sofortwirkung. Wird heiß und ätzend. **VORSICHT!**
Magnesium-Branntkalk, gemahlen, 90% CaO + 15–40% MgO	Für die schnelle Gesundung saurer Böden und zur Erhaltungskalkung schwerer Böden.	Schnelle Wirkung.
Mischkalk, 60% CaO Mischkalk mit Magnesium, 60% CaO + 5–14% MgO Magnesium-Mischkalk 60% CaO + 15–30% MgO	Diese 3 Sorten sind für leichte und mittlere Böden gedacht, je nach deren Bedarf an Magnesium.	Mischung aus langsam wirkendem Kalkmergel und schnell wirkendem Branntkalk. Daher sowohl langsam als auch schnell wirkend.
Algenkalk mind. 70% $CaCO_3$	Für leichte bis mittlere Böden. Bei Bor-Mangel.	Langsame Wirkung. Aus Meeresalgen bestehend. Gehalt an Kochsalz (NaCl) sollte nicht über 3% liegen.
Hüttenkalk 40–50% CaO, 2–3% Mangan	Für leichte Böden.	Wirkt schonend. Ist durch Mangangehalt gut geeignet, einen durch Überkalkung auftretenden Manganmangel zu beheben.

Ausgetrockneter, verdichteter und rissiger Boden als Folge von Kalkmangel.

sich darum, den durch die chemische Verwitterung entstandenen Kalkverlust im Boden zu ersetzen.
Die Verluste sind je nach Bodenart unterschiedlich groß, und man kann als Faustregel davon ausgehen, daß bei mittleren und schweren Böden ca. 5 kg Reinkalk und auf leichten Böden 3–4 kg Reinkalk je 100 m^2 jährlich zu ersetzen sind.
Bei der Erhaltungskalkung wird am zweckmäßigsten jährlich ungefähr $^1/_3$ der Gartenfläche gekalkt, und zwar immer mit der Menge, die für 3 Jahre im voraus ausreicht.
Als Faustregel für die Veränderung des pH-Wertes um 1 Punkt, also z. B. vom pH-Wert 6 auf pH-Wert 7, gelten für je 100 m^2 Fläche ungefähr folgende Mengen: bei leichten Böden 15 kg Branntkalk oder 30 kg kohlensaurer Kalk, bei mittleren Böden 25 kg Branntkalk, bei schweren Böden 30 kg Branntkalk.
Der anzustrebende pH-Wert für leichte Böden liegt bei 5,5, bei mittleren Böden zwischen 6,0 und 6,5 und bei schweren Böden bei 7–7,5.
Der richtige pH-Wert und der richtige Kalkzustand eines Bodens ist vor allen Dingen für den Gemüseanbau wichtig. Aus diesem Grunde haben wir Ihnen in der Tabelle auf S. 111 eine Zusammenstellung über die Mengen an Kalkentzug gemacht, die bei den verschiedenen Gemüsearten auftreten.
Wenn ich dem Boden Kalk zugebe, so ist es wichtig, daß bei jeder Kalkung der Kalk mit dem Boden gut durchgemischt wird. Er sollte jedoch nicht untergegraben werden, sondern nur leicht in die Oberfläche eingearbeitet werden.
Auf keinen Fall darf man Kalk ausstreuen und ihn dann unbearbeitet liegenlassen. Wenn man das tut, kann es passieren, daß sich dieser Kalk zu einer festen Kruste auf dem Boden zusammenzieht und sich dann nur noch schwer mit dem Boden vermischen läßt.

Magnesiumdünger

Um einen Magnesiummangel zu beheben, richtet sich die Art des zu wählenden Düngemittels nach den Bodeneigenschaften und vor allen Dingen nach den Ursachen des Mangels. Anhand einer Bodenanalyse ist Magnesiummangel leicht zu diagnostizieren und kann durch entsprechende Düngung behoben werden. Vor allen Dingen sulfathaltige Magnesiumdüngemittel wie Stickstoff- und Kalimagnesia enthalten Magnesium in leicht löslicher Form und haben eine schnelle Wirkung. Die Carbonatform des Dolomitischen Kalkes wirkt weniger schnell und ist daher zur Bekämpfung eines akuten Magnesiummangels nicht geeignet. Die Aufwandmenge richtet sich nach einer Bodenanalyse. Es können hier keine allgemein gültigen Angaben gemacht werden.

Spurennährstoffdünger

Die Düngemittel mit Spurennährstoffen spielen beim Hausgarten keine große Rolle, da diese Produkte meistens sehr teuer sind und eigentlich nur bei gärtnerischen Betrieben angewendet werden. Eine gute Möglichkeit, den Gehalt an Spurenelementen im Garten zu dekken, ist die Verwendung der verschiedenen Gesteinsmehle. Dafür sind sowohl Tonminerale als auch Basalt- und Granitmehle geeignet (siehe auch S. 50).

Kali- und Magnesiummangel an einer Fichte.

Eisenmangelerscheinungen kann man auch mit Eisenchelaten beseitigen, die man sowohl über den Boden als auch über das Blatt den Pflanzen zuführen kann. Als Besonderheit für die Versorgung von Obstbäumen mit Eisen sei hier das Einschlagen von Eisennägeln in den Stamm erwähnt, wobei man allerdings keine Aussage darüber machen kann, in welchem Umfang das Eisen aus diesen Nägeln freigesetzt wird.
Fast alle Bormangelschäden lassen sich durch eine entsprechende Bordüngung beheben. Dabei hat sich Borax als besonders wirkungsvoll bewährt. Die Aufwandmenge ist abhängig vom pH-Wert des Bodens, so daß bei hohen pH-Werten unter Umständen eine um das zehnfach höhere Bordüngung erforderlich ist als bei normalem Bedarf.
Zur Bekämpfung von Molybdänmangel hat sich z. B. eine Kalkung bewährt, vor allen Dingen auch eine stärkere Lockerung und Entwässerung des Bodens, da dadurch mehr Molybdän freigesetzt wird.
Zur Behebung von Manganmangel sollte auf sauren Böden Mangansulfat gedüngt werden. Auf neutralen oder schwach alkalisch reagierenden Böden kann man die Pflanzverfügbarkeit von Mangan durch eine langsame Absenkung des pH-Wertes erreichen.
Auch für alle anderen Elemente gibt es spezielle Spurennährstoffdünger. Viele Dünger, besonders viele organische Düngemittel enthalten neben den Hauptnährstoffen noch eine beachtliche Menge an Spurennährstoffen. Oft hilft auch eine Veränderung des pH-Wertes im Boden, um Spurenelementmangel zu beseitigen.

Organische Düngemittel

Die am Markt angebotenen organischen Dünger bestehen meistens aus rein pflanzlichen und tierischen Produkten, wie z. B. Reisschalen, Tierkörpermehl, Knochenmehl usw. Der Vorteil dieser Dünger ist ihre geringe Salzbelastung, die große Breite der Verwendbarkeit für alle Kulturen und die durch sie erreichte gute Humusversorgung. Sie werden außerdem nur sehr schwer ausgewaschen und sind daher als umweltfreundlich zu bezeichnen. Der Nachteil ist, daß sie nur in Abhängigkeit von Bodenwärme und Feuchtigkeit und der damit einhergehenden Aktivität der Bodentiere ihre Nährstoffe freigeben, so daß man sie auch als denkende Dünger bezeichnet hat.
Auch bei organischen Düngern kennen wir Einzelnährstoffdünger, wie z. B. reines Hornmehl, reines Blutmehl oder reines Knochenmehl.
Im Gegensatz zu den mineralischen Düngern sind organische Dünger nun ausgesprochen langsam wirkend und müssen erst von den Bodenorganismen verarbeitet werden,

bevor die in ihnen enthaltenen Nährstoffe freigesetzt werden. Der Umsetzungsprozeß bei diesen Düngern ist stark abhängig von ihrer Körnung, d. h., je feiner die Dünger gemahlen sind, desto schneller wirken sie. Wir unterscheiden bei Horndüngern daher zwischen dem feinen Hornmehl, dem mittleren Horngrieß und den sehr groben und damit nur langsam wirkenden Hornspänen.

Ein altes Gärtnersprichwort sagt: »Horn und Haar düngt sieben Jahr«, was sicherlich übertrieben ist, aber die langanhaltende Wirkung, vor allen Dingen von Hornspänen, sollte nicht unterschätzt werden. Deshalb sollte man bei der Ausbringung von Hornspänen daran denken, daß die Umsetzung mindestens 2–3 Jahre dauert, so daß man nicht jedes Jahr nachzudüngen braucht.

Hörner und Hufe sind die Grundlage für (v. l. n. r.) Hornspäne, Horngries, Hornmehl.

Hornmehl und Blutmehl sind stickstoffhaltige Düngemittel. Bei Knochenmehl handelt es sich um phosphathaltige Produkte.
Manchmal bereitet es Schwierigkeiten, Hornmehl, Knochenmehl und Blutmehl für sich alleine zu beschaffen, da diese Produkte oft nur in 50-kg-Säcken angeboten werden. Es haben sich daher verschiedene Firmen auf die Herstellung sogenannter organischer Mischdünger konzentriert, die aus einem Gemisch aus Hornmehl, Knochenmehl und Blutmehl hergestellt sind.

Wirtschaftsdünger

Unter Wirtschaftsdüngern verstehen wir den Mist von verschiedenen Haustieren. Dabei hat sich in den letzten Jahren eine Wandlung vollzogen. Aufgrund der modernen Tierhaltung werden nämlich unsere Kühe häufig in sog. Schwemmentmistungsställen gehalten. Es wird ihnen kein Stroh mehr eingestreut, so daß der Kot nicht mehr mit Stroh durchsetzt ist. Aus diesem Grunde haben die Wirtschaftsdünger aus Rinderhaltungen viel von ihrer Bedeutung verloren. Sie sind sogar zu einem Problem für die Abfallbeseitigung geworden. Wenn man jedoch an Kuhmist mit recht viel Stroheinstreu kommen kann, sollte man ihn sich unbedingt für seinen Garten sichern.
Es ist zu beachten, daß Kuhmist niemals in frischem Zustand auf den Boden aufgebracht werden darf. Das führt ansonsten zwangsläufig dazu, daß die Bodenorganismen den im Boden vorhandenen Stickstoff für die Umwandlung dieses Stallmistes vollkommen für sich brauchen und der Pflanze nichts mehr zur Verfügung steht. Man sollte in einem solchen Falle den Mist jeweils über den Komposthaufen gehen und ihn 1 Jahr von den zahlreich im Komposthaufen lebenden Tieren durcharbeiten lassen (siehe »Der Kompost«, S. 69).
Anstelle des knapp gewordenen guten Rindermistes wird sehr häufig Pferdemist angeboten. Da die Pferde nicht mehr als Arbeitspferde, sondern nur für die Freizeitbeschäftigungen gehalten werden, werden sie entsprechend sorgfältig gepflegt und stehen in sauberen Ställen. Es wird reichlich Stroh eingestreut. Da einige Pferde gegen den Strohstaub empfindlich sind, vor allen Dingen wenn sie Husten haben, wird auch häufig Torf eingestreut. Diese Pferdedünger stehen in sehr großer Menge zur Verfügung und werden oft von Reitställen kostenlos abgegeben, da man auch hier das Problem der Abfallbeseitigung hat.
Pferdedünger wird sehr warm. Er ist daher besonders gut für Frühbeetkästen geeignet. Auch hier ist es nicht zu empfehlen, ihn direkt auf den Boden zu geben. Auch Pferdemist sollte erst kompostiert werden, und zwar in Verbindung mit anderen Substanzen.

Düngemittel

Pferdemist ist eine gute Grundlage für ein warmes Mistbeet.

Schweinemist wird seltener als Dünger für den Hausgarten angeboten. Er ist schon aufgrund seines strengen Geruches recht problematisch anzuwenden. Man nennt ihn auch kalten Mist. Er ist besonders reich an Phosphor und Kalzium und sollte auf alle Fälle ebenfalls zuerst kompostiert werden, bevor man ihn verwendet. Die scharfen Gerüche des Schweinemistes kann man durch eine Zugabe von Tonmineralmehlen wenigstens etwas in den Griff bekommen.

In ländlichen Gebieten wird auch der Mist aus Schafhaltungen sowie Ziegen- und Kaninchenställen gelegentlich zur Verfügung stehen. Alle drei Mistarten sind ausgesprochen gut für die Verwendung im Garten geeignet.

Auch sie sollte man nicht direkt auf den Boden geben, sondern ebenfalls erst kompostieren, damit es nicht zu einer Festlegung des bodeneigenen Stickstoffes kommt.

Hühnerdünger wird ebenfalls in großer Menge angeboten und wird meistens granuliert geliefert, d. h. in kleinen Körnern, damit es beim Ausbringen nicht so staubt. Dieser Hühnerdünger hat leider den Nachteil der starken Geruchsbelästigung, die man aber durch das Einstäuben von Tonmehl verringern kann. Hühnerdünger ist im allgemeinen reich an Stickstoff, Phosphor und Kali und enthält auch interessante Mengen an Kalzium. Auch der Magnesiumgehalt ist im Vergleich zum Rinder- und Schweinedünger höher.

Gehalt an Nährstoffen (in %) im Kot verschiedener Haustiere

(verändert nach Sauerlandt, Tietgen)

Tierart	N	P	K	CaO	MgO
Kühe	0,35	0,27	0,07	0,70	0,15
Schweine	0,54	1,35	–	1,15	0,22
Hühner	1,53	1,08	0,59	1,22	0,28

Torf

Er ist kein Düngemittel, obwohl er im Handel als Düngetorf angeboten wird! Torf enthält keinerlei Nährstoffe und dient lediglich dazu, die Struktur des Bodens zu verbessern. So ist er auf leichten Böden geeignet, die Wasserhaltekraft zu erhöhen, und auf schwerem Boden fördert er die Durchlüftung.
Es gibt allerdings Spezialtorfe, wie z. B. Supermanural und Huminal, die mit geringem Nährstoff angereichert sind. Sie enthalten im allgemeinen nur 1–2% Stickstoff, Phosphor und Kali. In die Gruppe dieser Bodenverbesserer gehört auch das bekannte Nettolin. Hier handelt es sich um ein Produkt auf Basis von Torf und Mineraldüngern. Die Nährstoffgehalte an Stickstoff, Phosphor und Kali bewegen sich zwischen 3 und 4%.
Die zuletzt genannten Produkte auf Torfbasis können direkt auf den Boden gegeben werden, ohne daß sie erst über den Komposthaufen genommen werden sollten. Sie sind zwar besonders gut zur Abdeckung und zum Mulchen geeignet, aber in Anbetracht der Tatsache, daß die wenigen noch verbleibenden Moore zur Torfgewinnung abgebaut werden, sollte man, wenn möglich, im Garten auf torffreie Mulch- und Bodenverbesserungsstoffe, z. B. Rindenkompost, zurückgreifen.

Organisch-mineralische Dünger

Um die langsame und schonende Düngung der organischen Dünger mit der schnellen Wirkung der Mineraldünger zu kombinieren, hat man organisch-mineralische Düngemittel auf den Markt gebracht. Sie sind erkenntlich durch den Zusatz zu einem Markennamen wie »Min« oder »Spezial«.
Hierzu gehören Produkte, die aus Hornmehl, Knochenmehl, Blutmehl, Tierkörpermehl, Hautmehl, Ledermehl und einigen Mineraldüngern zusammengemischt werden.

Wie bewertet man Düngemittel?

Bei der Bewertung von Düngemitteln muß man sehr genau trennen zwischen Mineraldüngern und Naturdüngern sowie den daraus bestehenden Mischdüngern, den organisch-mineralischen Düngern.
Im einzelnen wurden die verschiedenen Düngemittel in einem vorhergehenden Kapitel ausführlich erläutert, so daß wir uns hier auf die Be-

wertung der einzelnen Produkte beschränken können.
Mineraldünger können sehr preiswert oder auch sehr teuer sein. Der Preisunterschied ist durch die Form des in diesen Düngern enthaltenen Stickstoffs gegeben, da es sowohl schnell als auch langsam lösliche Stickstoffdünger gibt.
Nun ist es keinesfalls so, daß alle Mineraldünger langsam löslich sein müssen, denn auch schnell wirkende und damit sofort in Lösung übergehende Mineraldünger haben ihre Berechtigung. Mit ihrer Hilfe ist es z. B. möglich, eine im Wachstum stockende Kultur durch eine Kopfdüngung »anzustoßen«, damit die Pflanzen dann etwas schneller wachsen. Dieses Anstoßen kann z. B. bei Gemüse nach einigen Tagen kalter Witterung im Frühjahr von großem Vorteil sein.
Dem Laien ist es meist nicht möglich, sofort zu erkennen, um welche Art von Stickstoff es sich bei den jeweiligen angebotenen Düngemitteln handelt. Man sollte daher beim Einkauf nicht nur auf den Preis achten und nicht nur zwischen Natur- und Mineraldüngern unterscheiden, sondern auch den Verkäufer fragen, ob es ein schnell oder ein langsam wirkender Dünger ist.
Die aus den Naturdüngern und Mineraldüngern bestehenden Mischdünger, die wir als organisch-mineralische Dünger bezeichnen, stehen in ihrer Wirkung ungefähr in der Mitte. Bei diesen Düngemitteln ist es meistens so, daß lediglich das Kali rein mineralischer Natur ist und dem Naturdünger zugemischt wird, während der Stickstoff und auch der Phosphor aus tierischen Substanzen, nämlich aus Horn und der Phosphor aus Knochen bestehen. Zum Teil wird bei diesen organisch-mineralischen Düngern allerdings auch als Stickstoff-Komponente etwas Harnstoff und als Phosphatkomponente etwas Rohphosphat beigemischt.
Da dem Gartenfreund eine Bewertung nach dem Reinnährstoffprinzip wenig nützt und hier auch kaum darzustellen wäre, wollen wir einen Vergleich zwischen Natur, Mineral und den Mischdüngern einmal über den Preis und über die Häufigkeit der Anwendung versuchen.
Dazu vergleichen wir die drei Düngemitteltypen miteinander, die wir hier aus Neutralitätsgründen mit

A) für Naturdünger
B) für organisch-mineralische Dünger und
C) für Mineraldünger
bezeichnen.

Auf der nebenstehenden Tabelle scheint es auf den ersten Blick so, als ob die Dünger A) und C) gleichpreisig sind. Berücksichtigt man jedoch die wesentlich höheren Nährstoffgehalte bei C), so muß dieser Dünger als ausgesprochen preiswert bezeichnet werden, da er z. B. doppelt so viel Stickstoff enthält als A). Doch Halt, bei A) ist es ein sehr langsam wirkender und bei

Tabelle zum Vergleich verschiedener Düngemitteltypen

Produkt	Nährstoffgehalt			Ø Preis je 100 kg	Empfohlene Düngermenge je Düngung und 1 m²	Häufigkeit der Düngung in der Vegetationszeit	Löslichkeit	Ø Preis je 100 g/Düngung	Gesamt
	N	P	K						
A	6	9	1	250,56	100	2×/3×	langsam	0,25	0,50
B	8	7	10	200,32	100	3×	mittel	0,20	0,60
C	12	12	17	102,24	100	5×	schnell	0,10	0,50

Bemerkungen: Bei Dünger A) muß zusätzlich Kali gedüngt werden. Dadurch kann es zu einer Verteuerung des gesamten Düngeraufwands kommen.
Statt Dünger B) zu kaufen, wäre der Kauf von Dünger A) und Kali-Magnesium zu empfehlen.
Bei Dünger C) ist auf ausreichende Humuszufuhr zu achten.

C) ein schnell wirkender Stickstoff. Zum Ausgleich dafür hat C) aber 17mal mehr Kali, was nun allerdings ein großer Vorteil gegenüber A) ist. Wenn man diese drei Produkte weiter miteinander vergleicht, so könnte man zu der Auffassung neigen, daß das Produkt B) im Grunde genommen aufgrund seines relativ geringen Kaligehalts im Vergleich zu C) doch sehr teuer ist. Und so ist es auch, daß nämlich organisch-mineralische Mischdünger im Vergleich zu reinen Naturdüngern oder reinen Mineraldüngern unverhältnismäßig teuer sind, da das in sie eingemischte Kali wesentlich besser als reines Kali-Magnesia erworben wird und dann z. B. in Verbindung mit dem Naturdünger A) ausgebracht wird.

Bei der ausschließlichen Verwendung von C) = Mineraldünger dürfte es allerdings im Laufe der Zeit zu einer Humusverarmung kommen, genauso wie eine ausschließliche Verwendung des Düngemittels A) in jedem Garten zwangsläufig zu einer Verarmung an Kali führen und damit die Erkrankungen der Pflanzen hervorrufen würde.

Es kann daher dem Gartenbesitzer nur empfohlen werden, in seinem Garten sowohl Mineraldünger als auch Naturdünger im ausgewogenen Verhältnis miteinander zu verwenden. Außerdem sollte jeder Gartenbesitzer auf eine intensive Kompostwirtschaft und eine reichliche Zufuhr von organischen Substanzen zum Boden achten, da dadurch die biologische Aktivität stark angeregt wird und alle in den Boden eingearbeiteten Düngemittel, egal ob mineralisch oder Naturdünger, intensiv von den Mikroorganismen aufgeschlossen werden und dann den Pflanzen die daraus freiwerdenden Nährstoffe auch entsprechend zur Verfügung stehen.

Die Kunst des Kompostierens

Komposte fördern die Krümelung des Bodens, das Wachstum der Wurzeln, die bessere Durchlüftung und die Ableitung des Überschußwassers. Sie tragen auf Grund ihrer dunklen Farbe zu einer schnelleren Erwärmung des Bodens und damit zu einer früheren Ernte bei.
Nun sagt sich das alles so einfach, doch die Bereitung eines guten Kompostes ist eine Kunst. Leider wird dies von sehr vielen Gartenbesitzern falsch gemacht, und das hat dazu geführt, daß es in sehr vielen Gärten gar keinen Komposthaufen, keine Kompoststelle mehr gibt.
Diskussionen kann die Frage auslösen, ob man einen Komposthaufen einfach so als ein wildes Durcheinander sich langsam entwickeln lassen soll, sozusagen in der Form, daß alles das, was mir irgendwo in die Quere kommt und von dem ich meine, daß es verwertbar sei, auf den Komposthaufen geworfen wird, oder sollte man einen Kompost gewissermaßen planen und ihn Schicht für Schicht sorgfältig aufsetzen?
Das »geordnete Durcheinander« kommt natürlich am ehesten dadurch zustande, daß ich mir eine Stelle im Garten aussuche, die ich für den Kompost vorgesehen habe und dort anfange, alles das, was an Resten im Garten anfällt, ungeordnet zu sammeln. Ich persönlich habe die Erfahrung gemacht, daß es besser ist, ein »geordnetes« Durcheinander zu haben, als einen Komposthaufen schichtweise aufzusetzen. Es gibt allerdings einige Grundregeln, die man bei der Anlage eines Komposthaufens unbedingt beachten muß, um überhaupt Erfolg zu haben. Werden diese Regeln nicht beachtet, so führt es meistens zu einem Fiasko.
Vor allem sollte für den Komposthaufen ist ein Halbschattenplatz gewählt werden.

Wie groß soll ein Komposthaufen sein?

Ein guter Komposthaufen sollte an der Basis 2–2,50 m breit sein und nach oben hin konisch zulaufen. Er sollte im oberen Teil vielleicht eine Breite von 40–50 cm haben und auf keinen Fall höher als 1,50–1,60 m sein.
Wenn Sie die Möglichkeit haben, Ihren Komposthaufen in die Länge zu ziehen, so können Sie diese Kompostmiete, wie man sie auch nennt, beliebig lang machen.
Um leicht bewässern zu können, sollte im oberen Teil der Kompostmiete eine kleine Rinne angebracht und dort das Wasser zugegeben werden.

Die Kompostsilos

Eine andere Art der Kompostierung ist die in sogenannten Kompostsilos oder Kompostbehältern. Hier gibt es eine große Zahl von ver-

Kompostbehälter aus Holz.

Kompost

1 Zu kompostierendes Material niemals in eine Grube legen. Es kann sonst keine Luft an das Material. Luft ist aber das Wichtigste bei der Kompostierung. Verrottung ohne Luft führt zu Geruchsbelästigung.

2 Niemals nach allen Seiten geschlossene Behälter verwenden, das führt zu Luftmangel.

3 Niemals einen Komposthaufen auf einer festen Unterlage aus Stein, Beton etc. aufsetzen. Er braucht »Erdanschluß« wegen der Regenwürmer.

4 Grobes Material 15 cm hoch als unterste Schicht. Dann feinere Stoffe, wie z. B. Laub und Küchenabfälle, immer abwechselnd darauflegen. Grasschnitt nur ganz dünn dazwischenstreuen. Fäulnisgefahr!

5 Küchenabfälle stets mit Erde gut abdecken! Sonst verteilen Tiere die Essensreste im ganzen Garten.

6 Vollkommene Trockenheit vermeiden. Kleinlebewesen brauchen Feuchtigkeit.

7 Normale Gartenerde, Kompoststarter, Kalk oder Edasil als Verrottungsbeschleuniger dünn über die einzelnen Schichten streuen.

8 Den Haufen nicht zu naß machen, sonst fehlt die Luft, der Regenwurm geht kaputt.

9 Zwiebelschalen, Schnittlauchreste, Kaffee- und Teesatz sind ideales Regenwurmfutter! *Phlox* und Holunder sind gute Pflanzen am Komposthaufen und fördern den Regenwurmbesatz.

10 Den fertig aufgesetzten Haufen mit Stroh, Heu, Torf abdecken, um Wärmeentwicklung zu fördern und Stickstoffverluste zu vermeiden. Nicht gelochte Folien sind zur Abdeckung nicht geeignet.

schiedenen Fabrikaten auf dem Markt. Der Gartenbesitzer kann z. B. den **Normstahlkomposter** wählen, bei dem übrigens auch dieses Belüftungsprinzip mit Hilfe eines kleinen Kamins berücksichtigt wird. Man kann sich eine aus Stahlblech gefertigte, mit lauter Löchern versehene Tonne kaufen, den sogenannten **Mücke-Komposter,** auch Kompostsilos aus imprägnierten Holzteilen selber zusammenbasteln oder aber aus kunststoffbeschichtetem Draht eine Komposttonne bauen, die den Vorteil hat, daß von allen Seiten sehr viel Luft heran kann. Das Grundprinzip dieser Kompostsilos ist, daß das Kompostmaterial im Garten nicht einfach so herumliegt. Sie sind vor allen Dingen für den Gärtner mit einem relativ kleinen Garten gedacht.

Was kompostieren?

Der Kompost bietet uns geradezu ideale Möglichkeiten, die Forderungen nach möglichst wenig Bodenbearbeitung mit einer optimalen Bodenpflege zu kombinieren.
Doch zuerst wollen wir uns einmal mit einigen Regeln für guten Kompost befassen, da die meisten Gartenbesitzer leider bei der Bereitung ihres Kompostes sehr viele Fehler machen.
Alles, was irgendwie Kohlenstoff enthält und somit organischer Substanz ist, gehört auf einen Kompost. Es versteht sich von selbst, daß Glas, Kunststoffe und auch Metalle in einem Kompost nichts zu suchen haben, da sie von den Bodenlebewesen nicht umgesetzt werden können.
Bei der Frage, ob man Apfelsinenschalen, Bananenschalen-, Grapefruit- oder Zitronenschalen auf den Komposthaufen geben sollte, scheiden sich die Geister. Die einen sagen, daß aufgrund der an diesen Südfrüchten durchgeführten Vorratsspritzungen das Leben im Komposthaufen gestört wird.
Seien Sie nicht so ängstlich! Die biologische Aktivität der im Komposthaufen lebenden Mikroorganismen ist viel größer, als Sie es sich vorstellen können. Sind die Schalen etwas zerkleinert, werden sie innerhalb kürzester Zeit verarbeitet. Die an den Südfruchtresten haftenden Bestandteile von Vorratsschutzmitteln sind so gering, daß in der geringen Menge, in der Apfelsinen- und sonstige Schalen im Haushalt anfallen, keine Gefahr für Ihren Kompost besteht.

Kranke Pflanzenteile

Ein weiteres Problem sind die von Krankheiten befallenen Pflanzenteile. Soll man sie kompostieren, oder soll man sie verbrennen und dann die Asche dem Kompost zugeben?
Wenn jemand die große Kunst des Kompostbereitens beherrscht und es fertigbringt, daß sein Kompost-

haufen in der ersten Phase der Verrottung auf über 80 °C heiß wird, so kann er auch die von Krankheiten befallenen Pflanzenteile in den Kompost hineinmischen. Wie an anderer Stelle bereits ausgeführt, sind die Mikroorganismen des Bodens in der Lage, diese Schaderreger zu neutralisieren bzw. sie unschädlich zu machen, da in einem Komposthaufen ein Gleichgewicht zwischen Krankheitserregern und ihren Gegenspielern besteht.
Sollten Sie sich aber die rechte Form der Kompostierung noch nicht zutrauen, so sollten Sie die von Krankheiten befallenen Pflanzenteile tatsächlich verbrennen und dann die Asche dem Kompost zu mischen. Sie enthält Kali.

Grasschnitt
Fast jeder Gartenbesitzer hat während des ganzen Jahres ein Material immer im Überschuß: den Grasschnitt vom Rasen. Wohin damit? Einfach in einer Riesenmenge auf den Kompost? Oder in den Müllsack und an den Straßenrand? Oder auf den Beeten verteilen als Mulchmaterial? Die Antwort ist nicht sehr leicht zu geben, da jeder Gartenbesitzer ganz bestimmte Vorstellungen von dem Aussehen seines Gartens hat. Der Müllsack ist sicherlich die schlechteste Lösung, da ich mit diesem Grasschnitt wertvolles organisches Material weggebe. Rasengräser entziehen dem Boden nämlich sehr viel Stickstoff, weshalb ich z. B. bei der Rasendüngung immer einen stickstoffbetonten Rasendünger, wie z. B. Rasaflor, verwende, der 10% Stickstoff enthält. Gras wächst im allgemeinen auch sehr schnell. Dieser Grasschnitt ist also viel zu wertvoll, als daß man ihn wegwerfen sollte. Aber: Vorsicht! Er kann Ihnen einen Komposthaufen innerhalb kürzester Zeit vollkommen zerstören, da sich aufgrund des hohen Stickstoffgehalts im Schnittgut das Material sehr schnell erwärmt. Es wird nämlich Ammoniak freigesetzt, und das führt zu einer starken Zunahme sogenannter thermophiler, das heißt wärmeliebender Pilze. Sie haben sicherlich schon alle einmal davon gehört, daß ein Heuschober oder ein Heuhaufen zu brennen begonnen haben. Die Ursache dafür war, daß das Heu nicht trocken genug war, so daß es in Verbindung mit der Feuchtigkeit und dem im Gras enthaltenen Stickstoff zu einer sehr großen Hitzeentwicklung kam, wodurch dann das Heu zu brennen anfing. Dieses Phänomen wollen Sie in Ihrem Komposthaufen natürlich nicht haben, andererseits aber das wertvolle Material nutzen. Sie sollten es daher immer nur in einer dünnen Schicht einstreuen und immer gleich mit Erde abdecken, das heißt, wenn Sie Ihren Grasfangkorb oder das zusammengeharkte Gras in einer bestimmten Menge auf den Kompost bringen, dann verteilen Sie es gleichmäßig auf dieser Kom-

postfläche und nehmen anschließend mehrere Schaufeln Gartenerde und decken damit das Material zu.
Es wäre gut, wenn Sie außerdem neben Ihrem Komposthaufen, den Sie gerade neu ansetzen, auch einen Rest von altem Laub hätten, den Sie dann ebenfalls wieder über diese Erde streuen können. In diesem Falle, wenn Sie viel Grasschnitt verarbeiten, empfiehlt sich auch das gelegentliche Einstreuen von Tonmineralien, wie z. B. Edasil, oder aber von kohlensaurem Kalk. Dadurch vermeiden Sie die Versauerung Ihres Kompostes.
Sofern Sie zuviel Grasschnitt haben, sollten Sie lieber damit Ihre Beete abdecken und damit den hohen Stickstoffgehalt des Grases wiederum dem Boden zuführen.

Kalk und Tonminerale
Wenn Sie Kalk oder Tonminerale verwenden, so sollten Sie die einzelnen Bestandteile des Kompostes nicht in dicker Schicht damit bestreuen, sondern sie dünn wie Puderzucker darüberstreuen.
Auch **Kalkstickstoff** wird gerne zur Kompostbereitung verwendet und ist in den empfohlenen Mengen gut geeignet.

Essensreste
Ein anderer »Abfall« kann verwendet werden: die Essensreste aus dem Haushalt. Jeder Gartenbesitzer, der einen Komposthaufen anlegen möchte oder aber schon einen Komposthaufen hat, sollte in seiner Küche 2 getrennte Abfalleimer haben. Den einen für Glas, Metall und Kunststoffe und den anderen Eimer für alle Arten von organischen Abfällen, wie z. B. Gemüseputzreste, Kartoffelschalen, Teereste, Kaffeereste, Zwiebelschalen usw.
Bei Essensresten sollte man darauf achten, daß solche Küchenabfälle sofort mit Erde zugedeckt werden, damit keine Tiere angelockt werden.

Kaffee und Zwiebelschalen
Ich erwähnte vorhin, daß Kaffee, Tee, Zwiebelschalen und Schnittlauchreste auch in den Kompost sollen. Wenn Sie wüßten, wie sehr Sie dem Regenwurm damit eine Freude machen, wenn Sie Kaffeesatz und Zwiebelreste in den Kompost geben, so würden Sie wahrscheinlich ab sofort viel mehr Zwiebeln verzehren. Nun kann es aber sein, daß es Familien gibt, in denen weder Kaffee getrunken noch Zwiebeln gegessen werden, so daß man dann auf andere Hilfsmittel ausweichen muß. Zur Zeit des großen Zwiebelangebots gibt es sicherlich bei Ihrem Gemüsehändler unverkäufliche Zwiebeln. Lassen Sie sich diese geben und schütten Sie sie unzerkleinert in Ihren Komposthaufen. Sie werden es nicht für möglich halten, aber in solchen Zwiebeln könnten Sie nachher ganze Hände voll Regenwürmer wieder herausholen.

Diese Vorliebe für Zwiebelschalen macht man sich auch bei einem **Kompostbeschleuniger** zunutze. In diesem Kompostbeschleuniger sind neben Tonmineralien eben auch gemahlene Zwiebelschalen enthalten, und der Besatz an Regenwürmern in einem damit eingepuderten Haufen ist ca. 10–12mal größer als in dem nicht mit einem solchen Kompostbeschleuniger versehenen Komposthaufen.
Sie können z. B. auch Getreidekleie dazwischenstreuen, auch sie ist in einigen Kompostbeschleunigern enthalten.

Organische Dünger
Außerdem eignen sich alle organischen Dünger, z. B. organische Mischdünger auf der Basis Horn-Knochen-Blutmehl, reine Horn-, Knochen- und Blutmehle, sowie die Dünger von z. B. Hühnern, Tauben, Kaninchen als Kompostzusatz.
Wir hatten bei der Behandlung der Düngemittel ja darauf hingewiesen, daß so solche Düngemittel aus der tierischen Produktion am besten erst im Komposthaufen vorverarbeitet werden, damit sie anschließend im Boden eine milde Düngewirkung entfalten können.

Ausgewogene Nährstoffversorgung ergibt gesundes Gemüse.

Die Verrottungsvorgänge

Der Stickstoff- und der Kohlenstoffgehalt des zu kompostierenden Materials sind für den Rottevorgang von großer Bedeutung. Dieses Verhältnis von Kohlenstoff (C) zu Stickstoff (N) wird als C/N-Verhältnis bezeichnet. Dieses C/N-Verhältnis gibt an, wie viele Teile Kohlenstoff auf ein Teil Stickstoff in dem Ausgangsmaterial entfallen.
Wenn ich einen Komposthaufen richtig aufsetze und ihn gut mit verschiedenen Substanzen zusammenmische, so hat das Ausgangsmaterial ein C/N-Verhältnis von ungefährt 25:1, das heißt, auf 1 Teil Stickstoff entfallen 25 Teile Kohlenstoff. Wenn das Material fertig ist, hat sich das Kohlenstoffverhältnis verringert: der fertige Kompost enthält ungefähr nur noch 15–20:1.
Man spricht in diesem Zusammenhang von einem weiten oder einem engen C/N-Verhältnis. Dabei ist ein enges C/N-Verhältnis, also ein relativ zum Stickstoff geringer Kohlenstoffgehalt, günstiger für die Verrottung als ein zu weites C/N-Verhältnis.
Hierzu einige Beispiele: Stroh hat ein C/N-Verhältnis von ungefähr 100:1, Eichen- und Buchenlaub 60:1, der Kot fast aller Tiere 14–16:1, frischer Stallmist je nach der Art der Einstreu 20–25:1.
Dieses C/N-Verhältnis ist auch verantwortlich dafür, daß es bei der Umsetzung dieser Produkte im Boden zu dem kommen kann, was wir an anderer Stelle schon als Stickstoffdepression bezeichneten. Dabei wird der in dem Material enthaltene Stickstoff von den Mikroorganismen ausschließlich für sich selber benötigt, so daß für die Pflanze nichts mehr zu Verfügung steht. Ich muß also, wenn ich in einem Komposthaufen Rohmaterial mit einem weiten C/N-Verhältnis, wie z. B. Papier, Sägemehl, Stroh, größere Holzteile usw., verwende, dafür sorgen, daß gleichzeitig stickstoffreiches Material in den Haufen mit hineinkommt. Dazu kann ich frische oder getrocknete tierische Dünger der verschiedenen Haustiere verwenden, außerdem die bereits erwähnten Horn-, Knochen- und Blutmehle-, Woll-, Haar- und Lederabfälle, Fischabfälle und Rückstände der Ölmühlen, sogenannte Ölpreßrückstände.

Wann ist der Kompost »fertig«?

Als Fertigkompost bezeichnet man Erde, die etwa ein halbes Jahr in einem Komposthaufen (Miete oder Silo) gelegen hat und die dann anschließend durch ein Kompostsieb gesiebt wird, so daß sie von groben Bestandteilen befreit ist.
Diese sehr feine Erde hat einen sehr hohen Nährstoffgehalt und darf auf keinen Fall direkt als Pflanzerde verwendet werden.

Vor allen Dingen ist sie denkbar ungeeignet zur Anzucht von Jungpflanzen oder aber für Saatkisten. Diese feine fertige Komposterde muß ungefähr zu einem Drittel bis zur Hälfte mit grobem Sand in der Körnung 0/3 vermagert werden. Dies gilt jedoch nur, wenn Sie vorhaben, direkt in diese Erde hineinzupflanzen.

Diese Fertigkomposterde kann ich dann natürlich ohne weiteres auf meine Beete geben oder auf die Baumscheiben von Apfelbäumen und Beerensträuchern. Kompost ist im allgemeinen sehr kalireich, so daß es bei stets mit Kompost versorgten Böden fast nie zu Kalimangel kommt.

Bei Roh- oder Frischkompost verwendet man das Material bereits dann, wenn es etwa 3–4 Monate nur angerottet und die Ausgangssubstanz noch relativ gut erkennbar ist. Dieses Material eignet sich gut als Mulchmaterial.

Wenn Sie regelmäßig Rohkompost auf Ihren Boden bringen, müssen Sie damit rechnen, daß die Bodenorganismen den darin enthaltenen Stickstoff für sich selber brauchen. Es wird nicht für die Pflanze verfügbar gemacht, so daß es zu einer Stickstoffdepression kommen kann. Sie sollten dann mit Hornspänen oder Horngrieß leicht nachdüngen. In diesem Fall reichen 50 g/m² aus, um das Stickstoffangebot für Ihre Pflanzen sicherzustellen.

Die Wirkung des Komposts im Boden

Bei Kompost handelt es sich um Humusstoffe. Durch die reichliche Zufuhr von Humusstoffen fördern wir das Bodenleben und dadurch kommt es zu dem, was wir als »Lebendverbauung« des Bodens bezeichnen. Aufgrund dieser reichlichen Versorgung mit Humusstoffen produzieren die Bodenlebewesen sogenannte Klebstoffe, mit deren Hilfe es möglich ist, die Feinbestandteile des Bodens zusammenzukleben, so daß daraus Krümel werden. Wir haben dann das erreicht, was wir als Krümelstruktur bezeichnen, und das ist der Idealzustand, den es für einen Boden überhaupt gibt.

Das Wasser

Diese durch den Kompost zugeführten Humusstoffe wirken auch auf die Wasserkapazität des Bodens. Einmal wird nämlich Wasser direkt an die zugegebene organische Substanz des Kompostes gebunden und zum anderen führt eben diese Zufuhr von Kompost aufgrund der Bodenlockerung zu einer Strukturverbesserung, d. h. zu einer Vergrößerung der Grob- und Mittelporen. Dadurch kann das Wasser, das als Regen oder als unser Gießwasser aus der Gießkanne oder dem Gartenschlauch auf den Boden trifft, wesentlich besser abfließen.

Die Durchlüftung

Abgesehen von den positiven Wirkungen auf die Lebendverbauung und die damit verbundenen Strukturverbesserungen des Bodens fördert die Zufuhr von organischer Substanz in Form von Kompost natürlich auch die Durchlüftung, denn durch die mit der biologischen Aktivität einhergehende gute Krümelstruktur kommt es zur Bildung von mehr Grobporen und damit auch zu einer besseren Sauerstoffzufuhr an die Wurzeln der Pflanzen. Außerdem wird das Entweichen des Kohlendioxyds aus dem Wurzelraum erleichtert. Eine zu hohe Konzentration von Kohlendioxyd im Wurzelraum ist nämlich für die Pflanze äußerst schädlich.

Die Bodentemperatur

Letzten Endes sollte aber nicht vergessen werden, daß es durch die Zufuhr von diesen Humusstoffen in Form von Kompost auch zu einer beträchtlichen Erhöhung der Bodentemperatur kommt. Dies geschieht einmal direkt durch eine bessere Wärmeaufnahmefähigkeit des Bodens, da die Humusstoffe eine dunkle Farbe haben, und zum anderen kommt es zu einer besseren Wärmeversorgung indirekt über die verbesserte Struktur des Bodens. Dadurch ist eine schnellere Ableitung des Überschußwassers im Frühjahr möglich. Und das führt ebenfalls wiederum zu einer schnelleren Erwärmung des Bodens.

Hier wird Steinmehl auf eine Kompostmiete gestreut.

Die organische Substanz

Der Einfluß von zugeführter organischer Substanz in Form von Kompost auf die chemischen Bodeneigenschaften eines Bodens ist recht beachtlich.

Die Humusstoffe sind nämlich in der Lage, an ihrer Oberfläche Nährstoffe in austauschbarer Form zu speichern. Diese Fähigkeit ist vor allen Dingen für leichte Böden wichtig, während auf schweren Böden mehr die Durchmischung des Bodens mit Hilfe der Bodenlebewesen von Bedeutung ist. Schließlich liefert die organische Substanz aus dem Kompost und die sich daraus bildenden Humusstoffe Nährstoffe und damit Energie für die Mikroorganismen durch den Abbau von Nährhumus.

Kompostierung nach der biologisch-dynamischen Wirtschaftsweise

Bei der Besprechung des Komposts darf eine besondere Methode der Kompostierung nicht fehlen. Gemeint ist das Verfahren, das auf Rudolf Steiner zurückgeht und erstmalig im Jahre 1924 in dem ersten landwirtschaftlichen Kurs in Kobowitz in Schlesien besprochen wurde.
Es würde zu weit führen, alle Einzelheiten dieser Methode des Kompostierens hier zu erläutern, zumal zum Umgang mit den für die Kompostierung erforderlichen Präparaten auch eine andere Einstellung zur Umwelt gehört.
Es soll daher nur kurz erwähnt werden, daß die biologisch-dynamische Wirtschaftsweise an alles das, was sich in und mit der Natur abspielt, vom Standpunkt der Ganzheitlichkeit herangeht; d. h., man sieht die einzelnen Vorgänge als miteinander in Zusammenhang stehend und leitet daraus entsprechende Schlußfolgerungen ab.
Da eine noch so verkürzte Darstellung des Verfahrens der biologisch-dynamischen Wirtschaftsweise und vor allen Dingen der hohen Kunst des Kompostierens nicht gerecht wird, wird empfohlen, sich bei Interesse für dieses Verfahren mit der nächstgelegenen Waldorfschule in Verbindung zu setzen. Auch der

Kompostmiete, die mit biologisch-dynamischen Präparaten geimpft ist.

Forschungsring für biologisch-dynamische Wirtschaftsweise in Darmstadt wird sicher gerne bereit sein, entsprechende Hinweise zu geben.
Es sollte auch nicht unerwähnt bleiben, daß für die Anwendung der bei der Kompostierung nach der biologisch-dynamischen Wirtschaftsweise erforderlichen Präparate besondere Kurse abgehalten werden, in denen man sich mit dieser Besonderheit des Kompostierens vertraut machen kann. Auch darüber werden die genannten Stellen gerne Auskunft geben.

Das Umsetzen des Komposthaufens.

Pflanzen als Bodenverbesserer

Gründüngung ist eine alte Praxis der Bodenverbesserung. Man versteht darunter den Anbau bestimmter Pflanzen, die nur zum Zweck der späteren Einarbeitung in den Boden. Gründüngung heißt, noch nicht abgestorbene grüne Pflanzenteile, die Wasser, Stärke, Stickstoff, Zukker und Eiweiß enthalten und zum großen Teil noch wenig verholzt sind, in den Boden einzuarbeiten. Dazu gehört auch die Abtötung der noch lebenden Pflanzenwurzeln bei der Einarbeitung der Grünmasse in den Boden.

Hier liegt der große Unterschied zum Mulchverfahren, bei dem der Boden mit bereits abgestorbener organischer Substanz bedeckt und von den Bodentieren verarbeitet wird.

Die Grenzen zwischen Gründüngung und Mulchverfahren sind fließend. Wenn Sie z. B. im Herbst auf die von Gemüse abgeernteten Flächen zum Schutz des Bodens Senf einsäen und ihn nach dem Auflaufen einige Wochen später in den Boden einarbeiten, so ist das eine Gründüngung. Lassen Sie den Senf jedoch über den Winter stehen, so daß er abfriert und den Boden mit einem feinen Netz überzieht und damit den Boden schützt, so ist das im Frühjahr keine Gründüngung mehr, sondern ganz einfach Mulchmaterial.

Kompostierung, Mulchverfahren und Gründüngungen stehen miteinander in engem Zusammenhang.

Die Gründüngung wird nach einiger Zeit Bestandteil des Mulchverfahrens, und die von den Gründüngungspflanzen produzierten oberirdischen Pflanzenteile dienen zum Teil als Grundlage für einen Kompost. Außerdem führt die intensive Durchwurzelung des Bodens durch Gründüngungspflanzen nicht nur zu Bodenlockerung und den im Zusammenhang mit einer Strukturverbesserung stehenden positiven Aspekten, sondern auch durch die großen Wurzelmassen zu einer Anreicherung des Humusgehaltes im Boden.

Gemessen an den vorherigen Begriffsbestimmungen wird es in einem Hausgarten nicht so häufig zu der klassischen Form der Gründüngung kommen, es sei denn, man hat die Chance, bisher nicht für Gartenzwecke genutztes Land zu kultivieren. Das ist z. B. nach dem Bau eines Hauses der Fall, wo der Boden um das Haus verdichtet ist. In einem solchen Fall kann ich mir die vielen Vorteile der Gründüngung zu Nutzen machen.

Wir kennen 2 Arten von Pflanzen, die für die Gründüngung in Frage kommen, die Leguminosen und die Nichtleguminosen. Innerhalb dieser beiden großen Gruppen ist die Zahl der Pflanzenarten, die für eine Gründüngung verwendet werden können, sehr groß.

◁ Senf als Gründüngung.

Gründüngung

Gründüngungspflanzen für Hausgärten

Name		Aussaatzeit	Saatgut je 10 m² Menge in g	Boden-ansprüche
Lupinus albus, Weiße Lupine		IV–V	200–220	leichte bis mittlere Böden
Lupinus angustifolius, Blaue Lupine		IV–V	150–180	sehr leichte bis mittelschwere Böden
Lupinus luteus, Gelbe Lupine		IV–V und Anf. VIII	100–120	sehr leichte bis mittelschwere Böden
verschiedene Kleearten		IV–V	20–30	leichte bis schwere Böden
Phacelia		IV bis Anfang IX	20–50	sehr leichte bis mittelschwere Böden
Senf		bis Mitte VIII	20–30	leichte bis schwere Böden
Speiseerbse		sobald frostfreier Boden	100–120	mittel bis schwere Böden
Platterbse		IV/Anfang V	100–150	auf allen Böden
Ölrettich		fast das ganze Jahr	25–50	auf allen Böden
Sonnenblume		bis Ende VII	50	auf allen Böden

Bodenreaktion (pH)	Bodenbedeckung und Unkrautunterdrückung	Wurzeltiefe in cm	Bemerkungen
sauer bis schwach kalkhaltig	sehr gut	150–200	sehr schnelles Wachstum
sauer bis schwach sauer	sehr gut bis gut	150–200	schnelles Wachstum
stark bis schwach sauer	mäßig	150–200	langsames Wachstum
sauer bis kalkhaltig	je nach Kleesorte Gelbklee = schwach Erdklee = mittel Weißklee = gut	von 80 cm bis 200 cm	langsame Entwicklung, z. T. winterhart
stark sauer bis sehr kalkhaltig	sehr gut	je nach Bodenart verschieden, aber flach	läuft sehr schnell auf
sauer bis stark kalkhaltig	sehr gut	80–150	ideal für alle offenen Stellen im Garten
sauer bis stark kalkhaltig	gut	80–150	langsame Entwicklung
sauer bis kalkhaltig	gut	80–150	trittfest
sehr sauer bis mäßig kalkhaltig	gut	80–150	schnelle Entwicklung
sauer bis stark kalkhaltig	schwach	150–200	sehr schnelle Entwicklung

Gründüngung

Anwendung verschiedener Pflanzenarten zur Gründüngung

Aussaaten	Nicht winterharte Pflanzen	Winterharte Pflanzen
Ab Frühjahr	Sommerrüben, (Raps), Ackerbohnen, Senf, Perser- und Alexandrinerklee, Kresse	Mattenklee, Gelb- und Weißklee, Wicke, Süßlupine
Bis Ende Juli	Grünmais, Ackerbohnen	Süßlupine
bis ~ 25. August	Erbsen-Wicken-Gemenge, Hafer, Sommerwicken, Westerwaldsches Raigras	Mattenklee, Gelb- und Weißklee
bis ~ 10. Sept.	Alexandrinerklee, Hafer, Perserklee	Winterrüben, Ital. Raigras, Zottelwicke, Inkarnatklee
Spätsaaten	bis Ende September: Senf, Kresse, gute Bodengare	Oktober bis Dezember: Roggen
Pionierpflanzen:	Senf – billig, kurze Keim- und Kulturzeit. *Phacelia* ab März/Anfang April; erträgt Fröste bis –7 °C; Schottenklee, Esparsette, Bastardklee, Lupine auf Neuland.	
Zu beachten:	Rüben, Raps, Ölrettich nicht zu Kohlarten (Kohlhernie)! Gelbsenf nicht vor Kohlarten.	

Leguminosen

Dies sind Pflanzen, die in der Lage sind, den in der uns umgebenden Luft zu 78% enthaltenen Stickstoff (N) mit Hilfe der an den Wurzeln lebenden Bakterien festzuhalten. Diese Bakterien heißen Knöllchenbakterien udn bilden mit den Leguminosen eine Lebensgemeinschaft (Symbiose), in der der eine Partner vom anderen profitiert. Die Pflanze leitet über den Vorgang der Photosynthese Stickstoff in den Wurzelraum, und die Knöllchenbakterien halten ihn dort fest. Das ist anhand von Verdickungen sichtbar. Wenn diese Bakterien, die nur eine begrenzte Lebenszeit haben, absterben, wird der in ihnen gebundene Stickstoff frei und dient der nachfolgenden Pflanzenart als Nahrung. Dieser Prozeß wir natürlich auch ausgelöst, wenn die oberirdischen Teile der Leguminosen absterben und dadurch die »Lebensgemeinschaft« mit Bakterien gestört wird. Bevor man Leguminosen aussät, sollte man das Saatgut mit den Knöllchenbakterien impfen, da sie nicht automatisch auf allen Böden vorhanden sind. Um den Stoffwechselprozeß der Stickstoffbindung anzukurbeln, sollte man außerdem den Boden eventuell mit etwas leicht löslichen Stickstoff anreichern. Im Hausgarten ist dafür Hornmehl (50 g/m^2) geeignet. Leguminosen stellen das Stickstoffsammeln jedoch ein, wenn zu viel Mineraldünger verabreicht wird.

Der Stickstoffbindeeffekt wird dann bei den Knöllchenbakterien gar nicht erst ausgelöst, was mit dem Stoffwechsel dieser Bakterien zusammenhängt. Dadurch ginge ein großer Vorteil der Leguminosenaussaat verloren!

Weiße Lupine: gedeiht auch auf Kalkböden (pH über 7). Sie wächst schnell und ist daher auch schnell bodendeckend.

Blaue Lupine: wächst auf besseren Böden mit einem nur leicht sauren Boden (pH 6,5–6). Da sie schmalere Blätter hat, ist die bodendeckende Wirkung nicht so gut.

Gelbe Lupine: wächst auf sauren, sandigen Böden (pH unter 6). Gute Wasserversorgung wichtig!

Nichtleguminosen

Während Leguminosen Stickstoff binden können, ist den Nichtleguminosen diese Fähigkeit nicht gegeben. Aber unsere Gründüngungspflanzen haben noch andere Vorteile. Sie bilden alle viel Wurzelmasse und fördern dadurch den Humusgehalt eines Bodens. Durch den dichten oberirdischen Wuchs sind sie ein idealer Bodenschutz gegen Erosion. Einige Gründüngungspflanzen kann man gegen Nematoden (Bödenälchen, die Pflanzen schädigen) einsetzen und damit Schädlingsbekämpfung betreiben. Auch die Bekämpfung bestimmter Krankheiten, die unsere Pflanzen befallen können, ist mit Hilfe von Gründüngungspflanzen möglich. Dazu ist es allerdings erforderlich, daß Gründüngung noch zu einer Zeit in den Boden eingearbeitet wird, in der noch ein intensives Bodenleben herrscht, so daß die Krankheitskeime von ihren Gegenspielern vernichtet werden.

Auch eine gewisse Toleranz gegenüber »Unkraut« kann für die Bekämpfung von Pflanzenkrankheiten von Vorteil sein. So hat sich z. B. bei Leinwelke ein Besatz von weißem Gänsefuß, Vogelmiere, und Hirtentäschel als krankheitsvermindernd erwiesen.

Vorteile der Gründüngung:

- Stickstoffanreicherung;
- Humusanreicherung;
- Verbesserung der Wasserversorgung;
- Verringerung der Auswaschung von Pflanzennährstoffen wie Stickstoff, Kalzium und Kali;
- Bodenbefestigung, dadurch Erosionsschutz;
- Bodenbeschattung (Bodenbedeckung), Ausgleich von Temperaturextremen;
- Bessere Bodenkrümelung;
- Bodenlockerung;
- Schädlingsbekämpfung, z. B. Nematodenreduzierung;
- Höherer Ertrag der auf die Gründüngung folgenden Pflanzen;
- Geringerer Stickstoffaufwand bei Leguminosen als Vorfrucht;
- Leichtere Bodenbearbeitung, weniger chemischer Pflanzenschutz.

Mangelerscheinungen beheben

Das richtige Düngen

Mit dem Begriff der richtigen Düngung verbindet man meistens auch den Begriff von normalen Wachstumsbedingungen. Diese normalen Wachstumsbedingungen können verständlicherweise in einer gewissen Bandbreite variieren, d. h., es kann im Mittelgebirgsraum und in der Ebene zu unterschiedlichen Wachstumsbedingungen kommen, die trotzdem als Ergebnis gesunde Pflanzen haben. Pflanzen passen sich ihrem jeweiligen Standort an, und Neuzüchtungen sind von vornherein auf eine gewisse Bandbreite an unterschiedlichen Wachstumsbedingungen gezüchtet worden.
Von besonderer Bedeutung ist die richtige Düngung aber immer dann, wenn Pflanzen unter Streßbedingungen wachsen müssen. In einer solchen Situation werden an die richtige Versorgung der Pflanzen mit Nährstoffen besondere Ansprüche gestellt. Und in einem solchen Zusammenhang sind dann vor allen Dingen Dünger mit nützlichen Nährstoffen (Silizium, Natrium, Chlor, Kobald) von besonderer Bedeutung. Die Wirkungen dieser einzelnen Nährstoffe sind zum Teil noch gar nicht erforscht, scheinen aber das Wachstum anzuregen.
Ernährungsstörungen bei Kulturpflanzen aller Art sind immer die Ursache für starken Schädlingsbefall. Daraus ergibt sich die logische Konsequenz, daß durch richtige Düngung und durch sachgemäße Pflanzenernährung die Widerstandskraft unserer Kulturpflanzen gegen Pflanzenkrankheiten aller Art gestärkt werden kann.
Sowohl ein nur geringer Mangel als auch ein ganz akuter Mangel an Nährstoffen fördert im allgemeinen den Befall an allen möglichen Schaderregern. Die entstehenden Stoffwechselstörungen sind für den zusätzlichen Befall mit Bakterien und Pilzen verantwortlich; ganz allgemein gesprochen, sind die normalerweise vorhandenen Schutzmechanismen der Pflanzen zerstört.
Hier ist es durchaus angebracht, Parallelen zwischen einer optimalen Pflanzenernährung und einer optimalen Ernährung des Menschen zu ziehen.
Es kommt also bei der Beseitigung von Ernährungsstörungen unserer Kulturpflanzen bzw. beim Heranziehen gesunder Pflanzen entscheidend darauf an, daß man Maßnahmen zur Verbesserung der natürlichen Abwehrkraft möglichst ausschöpft, da dadurch der Einsatz von chemischen Pflanzenschutzmitteln um ein Vielfaches reduziert werden kann.
Es würde den Rahmen dieses Buches sprengen, wenn man alle Beispiele, die für die Bedeutung der einzelnen Nährstoffe möglich sind, anführen wollte. Es seien daher einige Grundsätze formuliert:
1. Eine gute Versorgung der Pflanzen mit allen Nährstoffen erhöht

1 Auch Blumen freuen sich über ein ausgewogenes Nährstoffangebot.

Zunehmender Stickstoffmangel an Weinrebenblättern. Das obere Blatt ist ausreichend ernährt, was man an der Blattfarbe erkennen kann.

den gesamten Stoffwechsel und fördert ein gesundes Wachstum. Aufgrund dieses normalen Wachstums sind von vornherein gewisse Schäden, denen die Pflanze aufgrund ihrer Umweltbedingungen ausgesetzt ist, schneller auszugleichen.

2. Unterversorgung mit Silizium verringert die Verkieselung der Blattaußenhaut. Dadurch ist es beißenden und saugenden Schädlingen leichter möglich, in den Saftstrom der Pflanze zu gelangen und sie entweder auszusaugen oder aber ihre Eier abzulegen.

3. Kalziummangel schwächt in allen Pflanzen die Festigkeit und erleichtert vor allen Dingen pilzlichen Krankheitserregern das Eindringen in die Pflanze.

4. Phosphatmangel erhöht den Befall mit Pilzen.

5. Kalimangel führt zu dünneren und weniger festen Zellwänden, dadurch wird das Eindringen von Krankheitserregern in die Pflanze erleichtert. Außerdem kommt es bei Kalimangel zu einer stärkeren Bildung von Zukker statt Stärke. Dies führt dann wiederum dazu, daß die zuckerliebenden Blattläuse sich auf diesen Pflanzen besonders stark vermehren. Mit Hilfe der Blattläuse kann es dann zu Virusinfektionen kommen.

6. Stickstoffmangel führt ebenfalls dazu, daß die Pflanze schneller von Schädlingen aller Art, vor allen Dingen aber von Schwächeparasiten, befallen wird.

7. Stickstoffüberschuß ergibt, da Stickstoff in Verbindung mit Wasser aufgenommen wird, ein schwammiges Gewebe und fördert dadurch ebenfalls den Befall mit Schaderregern. Vor allen Dingen Pilze, Bakterien und Viren greifen bei Stickstoffüberschuß die Pflanzen sehr gerne an.

Von besonderer Bedeutung ist aber die Tatsache, daß es nicht nur auf die Zufuhr von mineralischen Düngemitteln ankommt, d.h. nicht nur auf eine optimale Versorgung der Pflanze mit Nährstoffen, sondern daß vor allen Dingen eine Aktivie-

rung des Bodenlebens von Bedeutung ist. Hierzu brauchen wir die organische Substanz. Obwohl noch keine gesicherten Beweise dafür vorliegen, hat es den Anschein, daß mit Hilfe dieses aktivierten Bodenlebens aus der organischen Substanz Stoffe freigesetzt werden, die gewissermaßen wie die Antibiotika wirken und dadurch einen vorbeugenden Schutz der Kulturpflanzen gegen Krankheiten aller Art herbeiführen. Diese Antibiotika werden von bestimmten Bodenpilzen produziert, die aber nur dann optimal wachsen können, wenn eine entsprechend gute Humusversorgung des Bodens vorhanden ist.
Es ist sicherlich verständlich, daß es den Rahmen dieses Taschenbuches sprengen würde, die Erscheinungen von Ernährungsstörungen aller Pflanzen besprechen zu wollen. Wir haben uns daher nur auf die Kulturen konzentriert, die hauptsächlich in den Gärten vorhanden sind: Koniferen und Laubgehölze, Obstbäume und Beerenobst, Gemüsepflanzen, Stauden.
Sie werden anhand zahlreicher Fotos Gelegenheit haben, Schadbilder aufgrund falscher Pflanzenernährung möglichst eindeutig zu erkennen. Die Darstellung ist unvollständig und muß lückenhaft bleiben. Wir sind aber der Auffassung, daß Ihnen die vorliegenden Schadbilder bereits ganz entscheidend helfen werden, Störungen an Ihren Kulturpflanzen zu erkennen.

Starker Stickstoffmangel an einer Tomatenpflanze – die Vergilbungen beginnen bei den untersten Blättern, das Wachstum ist allgemein schwach.

Kalimangel an Weißkohl.

Koniferen und Laubgehölze

Stickstoffmangel

Bei N-Mangeln sind Nadeln und Blätter klein und haben eine helle, gelb-grüne Farbe. Ein weiterer Hinweis auf Stickstoffmangel ist schlechtes Wachstum, sehr schütterer Laub- bzw. Nadelbesatz und ungenügende Triebentwicklung.

Phosphatmangel

Phosphatmangel zeigt sich bei den einzelnen Bäumen je nach Art verschieden.
So verfärben sich z. B. die Nadeln von Fichten oder Lärchen grau oder blaugrün. Bei Kiefern und gelegentlich auch bei Fichten sind violette, violett-braune oder rötliche Verfärbungen zu beobachten. Bei Laubgehölzen, wie z. B. bei Eichen, führt Phosphatmangel zu einer dunkelgrünen oder rötlichen Verfärbung. Ferner beobachtet man bei Phosphatmangel einen schwachen und unregelmäßigen Fruchtansatz und eine geringere Wurzelbildung.

Kalimangel

Kalimangel äußert sich bei Nadelgehölzen und Laubbäumen unterschiedlich. Bei Nadelgehölzen kommt es zu einer grüngelben bis blaßgelben Verfärbung der Nadeln. Die Spitzen werden rot-braun bzw. braun und sterben unter Umständen ganz ab, wenn der Mangel sehr hoch ist.

Stickstoffmangel an Tanne.

Phosphatmangel bei einem Fichtensämling.

◁ Auch Ziergehölze wollen gut ernährt werden.

Mangelerscheinungen beheben

Starker Kalimangel an Kiefer.

Bei Laubbäumen werden die Blattränder zuerst hell und verfärben sich im Laufe der Zeit über gelbbraun bis braun.
Kalimangelerscheinungen treten häufig nur an den älteren Nadeln oder Blättern auf. Das Wachstum der Pflanzen kann deutlich gehemmt sein und parallel dazu ist meistens auch das Wurzelwachstum behindert. Es kommt sogar in zahlreichen Fällen zum Absterben der Wurzeln und damit zu einem Absterben der gesamten Pflanze.
Außerdem wird der Wasserhaushalt schlecht reguliert. Es kommt dadurch zu einer geringeren Verholzung der Bäume. In diesem Zusammenhang steigt dann die Anfälligkeit der Pflanzen gegenüber Frost und Dürre. Pflanzen mit Kalimangel-Erscheinungen sind wesentlich anfälliger gegenüber allen Arten von Pflanzenkrankheiten und Schädlingen aller Art. Sie sind auch wesentlich weniger in der Lage, mit Schadstoffeinwirkungen (saurer Regen) fertig zu werden.
Während ein falscher Kalkzustand also nur über die mangelnde Verfügbarkeit von Nährstoffen wirksam wird, ist Nährstoffmangel bei Stickstoff, Phosphor, Kali und Magnesium auf Grund von Mangelsymptomen mehr oder weniger deutlich sichtbar.

Kalzium, Kalkmangel
Dabei liegt die Bedeutung des Kalziums nicht so sehr in seiner Rolle als Pflanzennährstoff, sondern in seinem Einfluß auf das Bodenleben und dementsprechend auf dem Zustand des Bodens.
Kalzium wirkt der Versauerung des Bodens entgegen. Diese Versauerungsgefahr ist bei allen Böden gegeben, die durch ihren Bewuchs den Charakter von Waldböden haben. Die Versauerung wird durch zusätzliche Säureeinbringung (saurer Regen) noch gefördert.
In solchen sauren Böden ist die biologische Aktivität geringer (Mikroorganismen brauchen ganz bestimmte pH-Werte), so daß die abfallenden Nadeln, Zweige und Blätter nur ungenügend von den Kleinlebewesen zersetzt werden. Es

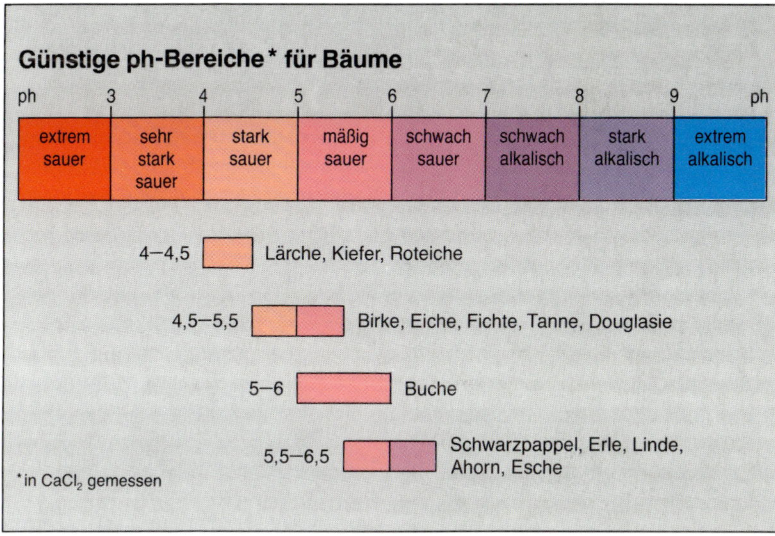

kommt zur Bildung von Rohhumus und damit zu einer starken Verringerung der Nährstoffverfügbarkeit. Die Zugabe von Kalk zu solchen Standorten muß schonend und einfühlsam erfolgen. Einerseits soll die Versauerung zwar behoben werden, andererseits darf sich der pH-Wert des Bodens nicht zu stark verändern, da eine solche sprunghafte Reaktion auch negative Einflüsse auf das Bodenleben hätte.
Die günstigen pH-Bereiche für Bäume sind in der obigen Tabelle dargestellt.

Magnesiummangel an Eichensämlingen.

Magnesiummangel
Das typische Zeichen für Magnesiummangel an Koniferen ist die sogenannte Gelbspitzigkeit oder

Mangelerscheinungen beheben

Nährstoffansprüche der Ziergehölze

Stickstoff
Mittlerer Bedarf
(um keinen Massenwuchs hervorzurufen),

- in sofort, mittel- und langfristig wirkenden Formen,
- hoher Anteil an Nitrat

Phosphat
Geringerer Bedarf,

- notwendig zur Vollernährung,
- verbessert das Wurzelwachstum,
- optimiert den Energietransport.

Kali
Hoher Bedarf,

- erhöht Widerstandskraft gegen Umweltbelastungen,
- verringert die Transpiration, optimiert den Wasserhaushalt, erhöht die Vitalität, gibt mehr Lebenskraft,
- wirksamer Ionenaustausch gegen Natrium,
- verbessert die Bodenstruktur, verhindert Tonzerfall.

Magnesium
Relativ hoher Bedarf,

- wichtig zur Blattgrünbildung,
- verbessert die Verwertung der anderen Nährstoffe,
- erhöht die Energieausnutzung,
- im Boden häufig im akuten Mangel,

Spurennährstoffe:
Eisen, Mangan, Zink, Kupfer, Bor

- Relativ hoher Bedarf an Eisen und Mangan,
- zur Vollernährung unentbehrlich,
- verbessern Nährstoff- und Energieausnutzung,
- im Boden häufig festgelegt, vor allem bei hohen pH-Werten.

pH-Wert
Günstig im schwach sauren Bereich von 6,0–7,0, artbedingte Unterschiede!

Nährstoffverhältnis
Deutlich kalibetont, mit viel Magnesium und wichtigen Spurennährstoffen.

Goldspitzigkeit. Dabei ist zu beobachten, daß die Gelb- oder Goldspitzigkeit mehr oder weniger scharf zum Grün der übrigen Nadelteile übergeht. Diese Beobachtung kann man vor allem an den älteren Nadeln machen, während der jüngste Nadeljahrgang in der Regel grün bleibt.
Bei Laubhölzern zeigt sich bei Magnesiummangel zwischen den Blattadern eine unregelmäßige Aufhellung, die unter Umständen später braun werden kann.
Das oben geschilderte Schadbild bei Magnesiummangel tritt häufig an den Koniferen unserer Hausgärten auf. Die genauen Ursachen für diese Art Erkrankung ist noch nicht bekannt. Man vermutet aber, daß unter dem Einfluß der in der Luft vorhandenen und durch das Sonnenlicht aktiv gewordenen chemischen Substanzen (Photooxidantien) u. a. der Abbau des Blattgrüns und damit auch die teilweise Zerstörung des Blatt- bzw. Nadelgewebes gefördert wird. Da es in Verbindung mit sauren Niederschlägen dann noch zu einer verstärkten Auswaschung von Nährstoffen wie Kalium, Magnesium und Kalzium kommt, ist die Erkrankung der Bäume ohne entsprechende Gegenmaßnahmen nicht mehr aufzuhalten.
Wir bitten Sie zu beachten, daß die Gehölze in einem Garten oft sehr wertvoll sind, so daß sich eine gute Pflege des Bestandes in barer Münze auszahlt.

Mangelerscheinungen beheben

Wie dünge ich richtig?
Mit welchen Produkten kann ich nun in meinem Hausgarten bei akuter Erkrankung der Bäume sinnvoll eingreifen? Ernährungsstörungen bei Koniferen und Laubgehölzen sind entscheidend z. B. davon abhängig, wie der Kalkzustand des Bodens ist, auf dem sie wachsen. Bevor eine Entscheidung über das eine oder andere Düngemittel getroffen wird, sollte man also von dem jeweiligen Standort eine Bodenanalyse bei der zuständigen Untersuchungs- und Forschungsanstalt (Lufa) machen lassen. Außerdem ist bei besonders wertvollen Baumbeständen eine Nadel- oder Blattanalyse zu empfehlen.
Bei einer derartigen Analyse werden die Nadeln des obersten Quirls (= erster Quertrieb), die in der Zeit von Mitte November bis Ende Januar entnommen werden müssen, untersucht. Bei Laubbäumen sind die Blätter in der Hauptvegetationszeit zu entnehmen, wobei darauf zu achten ist, daß diese Blätter nicht von der Schattenseite eines Baumes stammen.
Für die Beseitigung von Stickstoff- und Phosphatmängeln hat sich das überall leicht erhältliche Blaukorn bewährt. Diese Dünger sind sowohl in Kleinpackungen als auch in 50-kg-Säcken erhältlich. Das Besondere daran ist, daß dieser Dünger chloridfrei ist.
Je nach dem Ergebnis der Bodenuntersuchung bzw. der Blatt- oder Nadelanalyse kann mit Gaben von ca. 100 g je m^2, mehrmals verteilt über das Jahr (die Empfehlungen der Bodenanalyse sind zu beachten) gearbeitet werden.
Der alleinige Einsatz von langsam wirkenden organischen Düngern dürfte bei akutem Stickstoff- und Phosphormangel nicht sinnvoll sein, da es zu lange dauert, bis diese Dünger zu wirken beginnen. Da in einem sauren Boden die biologische Aktivität sehr gering ist und wir an anderer Stelle ausführten, daß organische Düngemittel erst mit Hilfe der im Boden lebenden Mikroorganismen aufgespalten werden müssen, damit die darin enthaltenen Nährstoffe dann in Ionenform den Pflanzen zur Verfügung stehen, dürfte einsichtig sein, daß die Verwendung von organischen Düngern aus solch sauren Standorten problematisch ist. Hier kommt es vielmehr darauf an, gezielt und schnell eine Wirkung zu erzielen, damit die Erkrankung der Pflanzen nicht noch weiter fortschreitet.
Bei reinen Magnesiummangeln hat sich Kieserit (Mangesiumsulfat mit 27% MgO) bewährt. Dieses Produkt, das ebenfalls bei fast allen Gartenfachgeschäften zu erhalten ist, wird von den Pflanzen schnell aufgenommen. Das Produkt ist für Laub- und Nadelgehölze gleichermaßen gut geeignet.
Bittersalz ist ebenfalls ein bewährtes Hilfsmittel. Es hat einen Magnesiumsulfatgehalt von 16% und kann

Mangelerscheinungen beheben

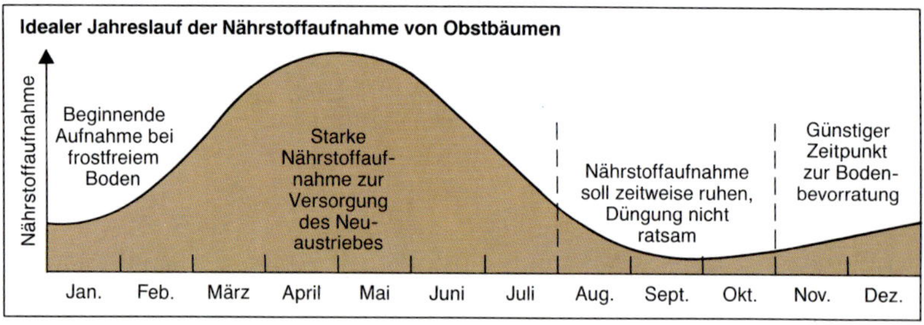

Nährstoffansprüche von Nadelbäumen

Baum	hohe Ansprüche an Versorgung mit	gute Ausnutzung von Bodennährstoffen	Bemerkungen
Fichte	N+P	K und Ca	N-Versorgung häufig mangelhaft; jährlicher Bedarf etwa 50–70 kg/ha N;
Kiefer	N+K	(N), P, Ca	N-Versorgung auf Rohhumusstandorten häufig mangelhaft
Tanne	P+K	K	N- und P-Versorgung z. T. mangelhaft
Douglasie	N, P, K, Ca Spurenelementen		N- und P-Versorgung z. T. mangelhaft; N-Düngung wie Fichte
Lärche	P und Ca	N und K	Lärche ist anspruchslos, zeigt bessere Reaktion auf Düngung als andere Koniferen; N- und P-Versorgung z. T. mangelhaft

Nährstoffansprüche von Laubbäumen

Baum	hohe Ansprüche an Versorgung mit	Bemerkungen
Rotbuche Eiche	N, Ca N	natürliche Versorgung oft ausreichend Wachstum auch auf sauren Standorten recht gut; Traubeneiche stellt höhere Ansprüche als Stieleiche
Erle Robinie Birke	P, K, Ca Ca –	durch Symbiose mit Actinomyceten eigene N-Bindung als Leguminose N-Versorgung über Wurzelknöllchen anspruchsloser Laubbaum, aber Wachstum durch N-Düngung oft zu steigern
Pappel	alle Nährstoffe	hohe Düngungsansprüche; etwa wie zu landwirtschaftlichen Kulturen in Abhängigkeit von der Versorgung des Bodens

bei besonders akuten Fällen von Magnesiummangel sogar als Spritzmittel verwendet werden. Bei einer derartigen Sofortmaßnahme wird eine 4%ige Lösung hergestellt, d. h., es werden 40 g Bittersalz auf 1 Liter Wasser verrührt. Man benötigt für 100 m^2 Fläche ca. 100–150 Liter Wasser.
Um eine sichere Nährstoffversorgung zu erreichen, sollte diese Spritzmaßnahme mehrmals wiederholt werden.
Man kann zur Behebung von Magnesiummangel auch noch andere Produkte verwerten. In Frage kommen Hütten-Kalk oder Thomas-Kalk. Für sie gilt genau dasselbe wie für die organischen Dünger, daß sie nämlich langsam wirken. Da außerdem die Gefahr besteht, daß die Versauerung des Bodens durch die Verwendung von Hütten- oder Thomas-Kalk nicht nur aufgehalten, sondern der pH-Wert des Bodens in den alkalischen Bereich, d. h. über 7, verschoben wird, was entscheidende Auswirkungen auf das Bodenleben hat, sollte man vor Einsatz von Hütten- oder Thomas-Kalk bei seinen Laub- und Nadelholzbeständen einen Gartenfachmann befragen.
Sofern man reinen Kalimangel festgestellt hat, hat sich Kaliumsulfat (50% K_2O) bestens bewährt. Wobei für Koniferen dieses Kaliumsulfat besser geeignet ist als Kaliumchlorid. Wir bitten Sie daher, bei einem reinen Koniferenbestand bei Ihrem Einkauf unbedingt auf Kaliumsulfat zu bestehen. Sofern es sich um einen kombinierten Kalium- und Magnesiummangel handelt, sollten Sie Kalimagnesia (Kaliumsulfat mit Magnesium, 30% K_2O, 10% MgO) verwenden. Dieses Kalimagnesia kann sowohl für Nadelgehölzer als auch für Laubbäume verwendet werden. Es ist sogar anzuraten, alle anderen Pflanzen, die in ihrem Garten wachsen, einschließlich ihrer Rasenflächen mindestens 1mal im Jahr mit einer Gabe von Kalimagnesia zu versehen.
Als Aufwandmenge sollte grundsätzlich auf die Empfehlungen der Bodenanalyse bzw. der Blattanalyse zurückgegriffen werden. Sofern Sie aber auch ohne eine solche Analyse der Meinung sind, daß Ihre Pflanzen die in diesem Buch besprochenen Mangelerscheinungen haben, so können Sie mit der Faustregel: Für 1 $m^2 = 50$ g Dünger nichts falsch machen. Sie sollten Ihre Pflanzen dann regelmäßig beobachten und diese Düngergabe nach 2–3 Wochen noch einmal wiederholen.
Sie sind bei der Ausbringung von Dünger nicht an bestimmte Zeiten gebunden, können sie sogar auf eine geschlossene Schneedecke streuen. Dies hat allerdings nur dann Sinn, wenn in absehbarer Zeit mit Tauwetter zu rechnen ist, damit dieser Dünger dann auch in den Boden und an die Pflanzenwurzeln kommt. Der günstigste Zeitpunkt für die Ausbringung ist sicherlich

Mangelerscheinungen beheben

das zeitige Frühjahr und der nicht zu späte Herbst, damit einmal die Pflanzen bei Beginn des Wachstums noch genügend Nährstoffe in ihr Zellgewebe einlagern können und somit das vor ihnen liegende Jahr gut überstehen, und bei der Verabreichung im Herbst führt die Anreicherung mit Nährstoffen, vor allen Dingen mit Kali, dazu, daß die Pflanze wesentlich widerstandsfähiger gegen Frost ist und den Winter besser übersteht.

Manchmal ist im Ziergarten eine Düngergabe notwendig (oben), um ein üppiges Pflanzenwachstum zu erzielen (unten).

Obstbäume und Beerenobst

Für den Hausgartenbesitzer ist zudem es ganz entscheidend zu wissen, daß er durch eine richtige Versorgung seiner Bäume mit Nährstoffen aller Art er die Resistenz der Bäume gegen Infektionskrankheiten und gegen alle Arten von Klimastreß ganz entscheidend erhöhen kann. Obwohl durch solche Maßnahmen der Einsatz von Schädlingsbekämpfungsmitteln aller Art ganz erheblich reduziert werden kann, dürfte ein völliger Verzicht auf irgendwelche Schädlingsbekämpfungsmittel bei Obstbäumen kaum zu erreichen sein.
Obwohl man bei der Düngung von Obstbäumen und Beerenobst selbstverständlich auf die Unterschiede der Pflanzen Rücksicht zu nehmen hat, kann man doch davon ausgehen, daß es innerhalb der einzelnen Gruppen eine gewisse Gesetzmäßigkeit der Nährstoffansprüche gibt.
Bei der Düngung der Obstbäume ergibt sich das Hauptproblem der Nährstoffversorgung aus der Tatsache, daß solche Bäume normalerweise recht lange in den Gärten stehen. Das ist der Grund dafür, daß viele Obstbäume in unseren Gärten schlecht mit Nährstoffen versorgt und von daher von allen Arten von Schädlingen und Krankheiten immer wieder befallen werden. Vor allen Dingen bei älteren Obstbäumen ist es schwierig, Nährstoffe in Wurzelnähe zu bringen, da diese Obstbäume eben schon zum Teil über Jahrzehnte fest verwurzelt sind und die feinen Haarwurzeln, mit denen die Bäume ihre Nährstoffe aufnehmen, sich meistens in dem Bereich des Gartens befinden, in dem entweder Rasen angelegt ist oder sonstige Pflanzen stehen. Zum Teil liegen diese Feinwurzeln auch unter Gartenwegen, so daß sie für Nährstoffe nur schwer erreichbar sind. Man hat daher schon Versuche gemacht mit Injektionen von Nährsalzen, direkt in den Boden, und man kann z. B. auch die Zinkversorgung von Bäumen durch das Einschlagen von Zinknägeln verbessern. Dies ist jedoch insofern problematisch, da man den Zinkbedarf nicht genau dosieren kann, so daß es wiederum zu einer Überversorgung kommen könnte, was ebenfalls schädlich ist.
Phosphat und auf schweren tonhaltigen Böden auch das Kali dringen, auch wenn keine Untersaat vorhanden ist, nur langsam in tiefere Schichten des Bodens ein und sind daher schwerer für die Pflanzenwurzeln zu erreichen. In einem solchen Falle sollte man mit einer Düngelanze oder mit einem einfachen Gasrohr Löcher in den Traufbereich der Bäume in den Boden stoßen bis ca. in eine Tiefe von 50 cm, um dann in diese Löcher Phosphat oder Kalidünger einzubringen. Untersaaten eventuell vorher entfernen.

pH-Wert

Ganz wichtig ist bei der Düngung von Obstbäumen aller Art die regelmäßige Untersuchung des pH-Wertes, da z. B. die Birne zwar ähnliche Düngeansprüche hat wie der Apfel, jedoch bei einem höheren pH-Wert viel leichter mit Chlorosen reagiert. Die richtige Aufkalkung muß entsprechend den Empfehlungen der Bodenanalyse durchgeführt werden und ist vor allen Dingen wegen der damit einhergehenden Strukturverbesserung, d. h. der besseren Durchlüftung des Bodens von großer Bedeutung. Diese Bodendurchlüftung, d. h. ein guter Sauerstoffgehalt der Bodenluft bis in ca. 50 bis 60 cm Tiefe ist Voraussetzung für ein gutes Wurzelwachstum. Neben der bereits erwähnten Kalkung sind vor allen Dingen das Vermeiden von Staunässe und die Lockerung der Bodenoberfläche für eine solche gute Bodendurchlüftung wichtig.

Mulchen, Gründüngung

Es hat sich ferner gezeigt, daß das Abdecken der Baumscheiben mit organischer Substanz oder eine Einsaat mit Gründüngung sich positiv auf die Qualität der Früchte auswirkt.
Vor allen Dingen bleibt die Bodenfeuchtigkeit länger erhalten, der Boden ist vor der Austrocknung durch Sonne und Wind weitgehend geschützt, und unter dieser schützenden Mulchdecke können sich die Kleinlebewesen des Bodens, vor allen Dingen aber auch die Regenwürmer, optimal vermehren und damit wieder zur Freisetzung von lebenswichtigen Nährstoffen für den Baum beitragen.
Wenn Sie Gras oder Gründüngung auf den Baumscheiben wachsen lassen, müssen Sie bei der Zugabe von Mineraldüngern beachten, daß zwar Stickstoff und Kali bei einem Ausbringen der Dünger auf die Oberfläche des Bodens durchaus in den Boden eindringen, daß jedoch die ausgebrachte Menge ausreichend hoch sein muß, damit ein entsprechend hoher Anteil dieser Mineraldünger überhaupt durch die flache Wurzelzone der Untersaat durchdringt. Man kann daher die auf Grund der Bodenanalyse gegebenen Empfehlungen an Düngeraufwand mit gutem Gewissen um 15% erhöhen, ohne daß die Pflanzen schaden nehmen.

Das Pflanzen von jungen Obstbäumen

Vor allen Dingen bei der Neupflanzung von Obstbäumen muß auf eine reichliche Versorgung mit organischen Düngern hingewiesen werden. Hierzu sind Komposte aller Art sowie auch organische Dünger auf Basis Hornmehl, Knochenmehl bestens zu empfehlen. Bei letzteren sollte allerdings vermieden werden, daß sie in direkten Kontakt mit der Wurzel kommen, d. h., der Dünger muß gründlich mit der Erde vermischt werden.

◁ Alter Obstbaum auf einer Weide.

Mangelerscheinungen beheben

Nährstoffentzug, Mangelsymptome

Obwohl man meinen könnte, daß der größte Teil der Nährstoffe durch die Früchte entzogen wird, so ist dies nicht der Fall. Durch die Ernte wird den Obstbäumen relativ wenig Nährstoff entzogen. Der größte Entzug tritt durch den Laubfall und vor allen Dingen durch den in regelmäßigen Abständen durchgeführten Baumschnitt ein.

Stickstoff ist für eine gute Triebneubildung und zügiges Triebwachstum erforderlich.

Viele weibliche Blüten bei der Walnuß werden z. B. nur bei starkem Triebwachstum angelegt. Auch Pfirsich blüht bei starkem Wachstum am besten. Alle anderen Steinobstarten, vor allem die Süßkirschen, benötigen zum Blütenknospenansatz allerdings nur ein schwaches Triebwachstum, während Apfel und Birne bevorzugt an 3–25 cm langen Trieben blühen. Sie stehen daher mit ihren Ansprüchen an die Stickstoffversorgung ungefähr in der Mitte. Die Stachelbeeren und Johannisbeeren dagegen legen auch schon bei geringem Wachstum genügend Blütenknospen an. Dasselbe trifft auch für die Erdbeere zu, bei der eine hohe Stickstoffversorgung vor allem die Bildung von Blättern fördert. Insgesamt gesehen beeinflußt die Stickstoffversorgung den Ertrag von Obstgewächsen auf die verschiedenste Weise. Bei Stickstoffmangel sind Blütenbildung und Fruchtansatz im Vergleich zu ausreichend mit Stickstoff ernährten Pflanzen gering. Bei einer zu hohen Stickstoffversorgung und beim sehr starken Triebwachstum kann es aber auch zu einer verminderten Blütenbildung und einem stärkeren Junifruchtfall kommen. Die beste Gewähr für eine regelmäßige frühzeitige und gute Ertragslage von Obstgehölzen bietet ein zügiges und ausreichend starkes Wachstum der Pflanzen, das auf einer guten Stickstoffversorgung basiert. Da die Gefahr der Auswaschung bei Stickstoff relativ groß ist, sollte man sich nicht auf nur eine Bodenanalyse im Jahr verlassen, sondern nach Möglichkeit alle 4 Wochen eine Bodenuntersuchung auf den verfügbaren Stickstoff durchführen lassen.

Das Element **Phosphor** können Obstbäume scheinbar recht gut aufnehmen – Mangelerscheinungen

Stickstoffmangel an Apfel – helle bis gelbliche Blattfarbe.

Mangelerscheinungen beheben

Hier ein sehr starker Kalimangel an einem jungen Apfelbaum.

sind daher sehr selten. Um die Bodenfruchtbarkeit zu erhalten bzw. für die Versorgung einer eventuellen Untersaat sollte man phosphorhaltige Düngemittel ausbringen – wenn es nach einer Bodenanalyse nötig erscheint.

Kalium ist für die Fruchtqualität und für die Frosthärte bedeutsam. Dadurch daß Kalium im Boden gut gespeichert werden kann, ist auch ein Kalimangel nicht sehr häufig, es sei denn, man hat einen von Natur aus kaliarmen Sand- oder Humusboden. Hier empfehlen sich jährlich sorgsam bemessene Kali-Gaben. Wie immer, eine Bodenuntersuchung klärt auch hier viele Fragen. Wenn Sie öfter Mehrnährstoffdünger gestreut haben, kann eine Bodenuntersuchung ans Licht bringen, daß Sie bereits für mehrere Jahre im voraus den Kali- und Phosphorbedarf Ihrer Obstgehölze gedeckt haben. In diesem Fall verwenden Sie eine Zeitlang nur reine Stickstoffdünger! Bei Kalidüngern für Obstgehölze nur Sulfate verwenden!

Magnesiummangel tritt auch häufig beim Apfel auf. Auch Süßkirsche und schwarze Johannisbeere neigen für eine erhöhte Anfälligkeit gegenüber Magnesiummangel. Auch bei anderen Pflanzen, vor allen Dingen bei Stauden und Gemüse, kann Magnesiummangel sehr negative Auswirkungen haben, wie aus den zahlreichen Schadbildern sichtbar ist.

Bei der sogenannten Stippigkeit handelt es sich um **Kalziummangel.** Die Stippe befällt im wesentlichen Äpfel – unter der Fruchtschale ist das Fleisch mit vielen kleinen braunen Punkten und Flecken versehen. Hier kann es unter Umständen sinnvoll sein, seine Obstbäume gelegentlich mit kalziumhaltigen Düngern zu bespritzen, da Nährstoffe ja bekanntlich auch durch die Blätter aufgenommen werden.

Ein **Spurenelementmangel** kann auch ohne das Auftreten von deutlich sichtbaren Chlorosen negative Auswirkungen auf die Ernte haben. Vor allen Dingen wirkt sich Bor- und Zinkmangel ganz entscheidend auf

Mangelerscheinungen beheben

Junger Pfirsichbaum mit sehr starkem Eisenmangel.

die Verringerung der Widerstandskraft gegen alle Arten von Schädlingen und auf die Qualität des Obstes aus.

Kernobst

Die weitaus größte Bedeutung beim Bestand in unseren Gärten dürften die Apfelbäume haben. Über die Düngung des Apfels liegen auch die weitaus meisten Untersuchungsergebnisse vor, und wir wissen, daß die Düngung zumindest den Entzug durch die Ernte und den Blattfall ersetzen sollte.

In diesem Zusammenhang muß ganz klar gesagt werden, daß Apfelbäume einen recht hohen Bedarf an Kali haben. Die Versorgung mit Kali sollte daher mindestens im Herbst und im Frühjahr eines jeden Jahres erfolgen. Als Faustregel, die keinen Anspruch auf Vollständigkeit und absolute Richtigkeit erhebt, die sich aber in der Praxis recht gut bewährt hat, sollte man je 1 cm Stammumfang 1 kg Kalidünger je Düngergabe im Traufbereich des Baumes ausbringen.

Auch der Bedarf an Stickstoff ist bei Apfelbäumen relativ hoch. Die Versorgung mit Stickstoff sollte jährlich erfolgen, und man sollte sich hierbei auf die Verwendung eines N/P/K-Düngers mit Magnesium konzentrieren. Die Düngemenge beträgt je 1 m^2 Fläche, auf denen die Apfelbäume wachsen, 10 g Dünger. Auch für Birne und Quitte gelten die für Apfel gemachten Angaben.

Steinobst

(Aprikosen, Pfirsich, Kirschen, Pflaumen). Steinobst ist dankbar für jede Art organischer Düngung. Alleine deshalb ist es erforderlich, in seinem Garten einen großen Komposthaufen zu haben, aber auch alle anderen organischen Düngemittel, die bereits besprochen wurden, sind für die Düngung des Steinobstes geeignet. Man sollte darauf achten, daß die jährliche Nährstoffzufuhr bezogen auf 100 m^2 Gartenfläche ungefähr 1 kg Stickstoff, 250 g Phosphor und 80 g Kali beträgt. Bei älteren Beständen können diese Werte auch erhöht werden.

Eine Besonderheit stellen allerdings die Süß- und die Sauerkirschen dar, da sie sehr empfindlich auf veränderte pH-Werte reagieren. Bei solchen Bäumen müssen die Gehalte an Kalk im Boden daher ständig

Mangelerscheinungen beheben

überprüft werden, und außerdem liegt der Nährstoffbedarf von Süß- und Sauerkirschen ungefähr 25% höher als bei sonstigen Steinobstarten. Die obengenannten Düngemengen müssen daher erhöht werden.

In vielen Gärten wird auch bei uns der Pfirsich angebaut, obwohl er eigentlich eine Frucht des wärmeren Klimas ist. Er benötigt relativ leichte Böden, und deshalb ist es erforderlich, daß man Pfirsich die Stickstoffgaben teilt, nach Möglichkeit in 3 Gaben jährlich, im Frühjahr, im Sommer und im zeitigen Herbst ausbringt.

Der Pfirsich ist besonders anfällig gegen Kalkchlorosen, und von daher muß darauf geachtet werden, daß bei neutraler oder schwach alkalischer Bodenreaktion, d. h. bei einem pH-Wert von 7 oder über 7,

Apfelbaum mit Eisenmangel – am stärksten betroffen sind die jüngsten Blätter.

den Boden versauernde Stickstoffdünger verwendet werden. Dies ist wichtig, um die Spurenelemente, die für die Gesundheit des Pfirsichs von entscheidender Bedeutung sind, zu mobilisieren.

Beim Pfirsich ist nun wiederum eine

Nährstoffentzüge bei Apfelbäumen

8–10 Jahre alte Apfelbäume, Hochstamm, im Abstand von 10 × 10 m gepflanzt, entziehen folgende Mengen an Nährstoffen:

Pflanzenteile		Nährstoffmenge in g/Baum				
		N	P	K	Ca	Mg
in den Boden zurückkommende Mengen						
Blätter	115 kg					
Blüten und Früchte	12 kg					
Schnittholz	40 kg	530	52	457	938	165
im Baum festgelegte Mengen						
Zuwachs an Trieben	639 kg					
Zuwachs an Wurzeln	56 kg	146	35	114	368	18
Weggeführte Mengen						
Früchte	300 kg	157	47	422	33	16
Jährlicher Gesamtbedarf		883	134	993	1339	199

1

4

2

3

besonders gute Kaliversorgung wichtig. Während Stickstoff und Phosphor ebenfalls um ca. 25% erhöht werden können, kann die Kaligabe bei Pfirsichen gut verdoppelt werden. Dasselbe gilt für Aprikosen.

Schalenobst

In zahlreichen Gärten stehen Walnüsse und Haselnüsse, und schon viele Gartenfreunde haben sich über die schlechte Qualität der Nüsse geärgert. Das führt dann oft dazu, daß diese zum Teil majesttätisch großen Walnußbäume, sofern man eine Fällgenehmigung bekommt, dann doch irgendwann abgehackt werden.

1 Magnesiummangel an Himbeeren ist auf leichten Sandböden weit verbreitet.

2 Typischer Eisenmangel an Erdbeeren.

3 Eisenmangel an Himbeeren, hervorgerufen durch zu starke Phosphordüngung auf kalkhaltigem Boden.

4 Weinrebenblatt mit extremem Magnesiummangel.

 Bei einem so starken Fruchtbehang ist eine gute Pflanzenernährung besonders wichtig.

Mangelerscheinungen beheben

Auch Nüsse entziehen dem Boden durch die Früchte relativ wenig Nährstoffe. Der größte Teil des Nährstoffentzuges entsteht auch hier durch den Blattfall und durch einen eventuell einmal durchgeführten Baumschnitt. Dabei ist bei Walnüssen darauf zu achten, daß die Bäume nur dann beschnitten werden, wenn sie in vollem Laub stehen, da es sonst zu Saftfluß kommt, der nicht zu stoppen ist. Schon mancher Gärtner hat im Winter eine unangenehme Überraschung erlebt, indem er anfing die Walnuß zu schneiden und feststellen mußte, daß der Baum schlicht verblutete. Dieser Hinweis gilt nicht für Haselnüsse.

Was die Düngung angeht, so sind Walnüsse und Haselnüsse relativ anspruchslos und begnügen sich mit guter Kompostdüngung und mit einer gelegentlichen Gabe an organisch-mineralischen Dünger bzw. sogar rein organischen Dünger.

5 kg Dünger bezogen auf 100 m^2 Gartenfläche reichen im allgemeinen aus, um eine gute Stickstoffversorgung des Walnuß und der Hasel zu erreichen.

Der Walnußbaum ist allerdings auch für eine gelegentliche Kaligabe dankbar, sie sollte allerdings nur höchstens alle 2 Jahre erfolgen und dann ungefähr bezogen auf 100 m^2 Fläche bei 5 kg liegen.

Was den pH-Wert angeht, so brauchen wir dabei nur darauf zu achten, daß er nicht extrem sauer oder extrem alkalisch wird, so daß hier das bereits an anderer Stelle Gesagte zutrifft: die meisten Pflanzen fühlen sich in einem im pH-Bereich von 6,5–7,5 am wohlsten.

Beerenobst

Wer hätte nicht schon die Enttäuschung eines Gartenbesitzers erlebt, wenn es an die Ernte von Johannisbeeren, Stachelbeeren, Himbeeren oder Brombeeren geht.

Sie fällt in sehr vielen Gärten sehr schlecht aus, die Früchte sind von Schädlingen aller Art befallen, und das Ende vom Lied ist dann, daß diese so wohlschmeckenden Beerenobstarten aus den meisten Gärten verschwinden, obwohl gerade sie von Kindern gerne genascht werden.

Der Grund für die schlechten Erfahrungen mit Beerenobst liegt einfach darin, daß von den meisten Gartenbesitzern auch hier wieder die Kaliversorgung, und Sie merken es, lieber Leser, wie wichtig Kali für die Gesundheit aller Pflanzen ist, daß diese Kaliversorgung immer wieder vernachlässigt wird. Zu beachten ist aber, daß Beerenobst äußerst empfindlich ist gegen Chlorid, so daß für die Kalidüngung nur chloridfreie Kalidünger in Frage kommen. Mit der Faustregel, daß sie 100 g je m^2 eines NPK-Düngers, der allerdings einen höheren Kaligehalt haben sollte, ausbringen, dürften Sie, bei einem normalen Gartenboden, im allgemeinen richtig liegen.

Bei schwarzen Johannisbeeren müssen Sie wiederum darauf achten, daß der Stickstoffgehalt des Düngers höher ist. Sie sind außerdem weniger empfindlich gegen Chlorid. Die Gabe an stickstoffhaltigen Dünger sollte je 100 m^2 1,2 kg betragen. Dabei können Sie ohne Bedenken einen Naturdünger nehmen, sofern Sie auch den Kali-Bedarf achten. Alle Erdbeersorten, egal, ob es sich um einjährige oder mehrjährige handelt, vertragen bei der Neupflanzung einen sehr gut mit organischem Dünger versorgten Boden. Sie können hier bedenkenlos 5–8 kg je 100 m^2 eines organischen Düngers ausbringen. Sofern Sie mehrjährige Kulturen anbringen, sollten Sie darauf achten, daß Sie eine gute Phosphor- und Kaliversorgung haben. Der Stickstoffbedarf von Erdbeeren ist relativ hoch, er beträgt je 100 m^2 ca. 1 kg. Sollten Sie Stickstoff alleine düngen, so verabreichen Sie ihn im Frühjahr und unmittelbar nach der Ernte. Ansonsten empfehlen wir Ihnen einen der handelsüblichen NPK-Dünger, so wie Sie sie auch für Ihre anderen Beerenobstarten verwenden.

Weinreben

Fassadenbegrünung ist in den letzten Jahren wieder modern geworden, und viele Gartenbesitzer entscheiden sich für die Begrünung ihres Hauses mit Weinreben. Es erscheint daher sinnvoll, hier auch einige Angaben über die Düngung von Weinreben zu machen.
Folgende Empfehlungen sollten Sie beachten:

1. Der pH-Wert sollte bei 6 liegen.

2. Vor der Pflanzung den Boden auf ca. 60 cm tief lockern. Entsprechende Mengen Kalk und sehr viel organischen Dünger (je Weinpflanze ca. 2 Handvoll) einarbeiten.

3. Eine gute Stickstoffversorgung ist wichtig. Hier sollten Sie allerdings nicht übertreiben, da die Weinrebe an Ihrem Haus nicht vergleichbar ist mit den Dauerkulturen der Weinberge. Sie sollten die Stickstoffgaben teilen. Den größten Teil zu Beginn des Wachstums und den Rest nach der Blüte geben. Als Aufwandmenge empfehlen wir Ihnen je Pflanze und je Düngegang einen Eßlöffel voll NPK-Dünger.

4. Mit der obengenannten Menge an NPK-Dünger dürften Sie auch die Versorgung an dem wichtigen Phosphor und vor allen Dingen an Kali erreicht haben. Da der Kalibedarf von Weinreben sehr hoch ist, sollten Sie jedoch zwischendurch, d. h. nach Beginn des Wachstums, nach der Blüte und noch zu zweimaligen sonstigen Terminen, zusätzlich Kalidünger mit einem hohen Magnesiumgehalt geben. Auch hier dürften Sie bei einer Menge von einem Eßlöffel je Weinpflanze richtig liegen.

Gemüse

Was die Anforderungen der verschiedenen Gemüsearten an ihre Umwelt betrifft, so kann man sie in zwei große Gruppen einteilen:
a) Gemüsearten, die an bestimmte Standorte gebunden sind
b) Gemüsearten, die keine speziellen Anforderungen an ihren Standort stellen.
Zur ersten Gruppe gehören der Spargel, der nur auf leichten Böden wächst, die wärmeliebenden Tomaten, Bohnen und Gurken, die einen trockenen Herbst liebenden Zwiebeln sowie die ebenfalls leichten Boden liebenden Möhren und die Frühgemüse, die auf einem leichten Boden wachsen möchten und ein warmes Frühjahr bevorzugen.
An Hand dieser Kriterien kann der Leser nun schon erkennen, daß der eventuell seit Jahren eintretende Mißerfolg bei gewissen Gemüsearten auf den falschen Standort seiner Gemüse zurückzuführen ist.
Zur zweiten Gruppe gehören die meisten Kohlarten sowie Porree, Salate, Spinat. Diese Gemüsearten haben keine speziellen Anforderungen an den Boden und an das Klima. Sie können daher mit gutem Erfolg fast überall angebaut werden.

Anforderungen an den Boden
Der Boden für Gemüse sollte steinfrei und eben sein, viel Humus enthalten sowie gar und tiefgründig sein. Durch diese Voraussetzungen ist eine leichte Bearbeitbarkeit des Bodens gegeben, und außerdem schaffen diese Eigenschaften die Voraussetzungen für ein gutes Wachstum. Die genannten Eigenschaften der Böden können durch reichliche Zufuhr von organischer Substanz, am besten in Form rein organischer Humusdünger auf der Basis von Horn-, Knochen- und Blutmehl, erreicht werden. Dazu gehört auch die richtige Versorgung mit allen für das Wachstum der Pflanzen erforderlichen Nährstoffen sowie die richtige Bodenbearbeitung und eine gute Wasserversorgung.
Aus wirtschaftlichen Gründen sind der Verbesserung bestimmter Böden Grenzen gesetzt, so daß man z. B. extrem leichte Böden von vornherein nur für Spargel vorsehen wird, während Kohl z. B. auf schweren Böden angebaut werden sollte. Dieser Hinweis auf die Wirtschaftlichkeit der Bodenverbesserung gilt nur für große Flächen, da aber die meisten Gemüseanbauflächen in einem Hausgarten nicht so groß sind, wird es ohne weiteres möglich sein, den jeweiligen Boden so zu verbessern, daß die Kultur von Spargel und Kohl in einem Garten möglich ist. Auf das Klima und auf die sich aus der Umwelt ergebenden Belastungen hat der Gartenbesitzer leider keinen Einfluß.
Die meisten Gartenböden, die man als Hortisole bezeichnet (von Hortulus = das Gärtchen), liegen zwi-

1 Guter Gartenboden ist für den Gemüseanbau wichtig.

Mangelerscheinungen beheben

1

2

3

4

5

6

7

1 und 5 Düngeversuche – jeweils links mit allen Nährstoffen, rechts ohne Stickstoff.

2 Typische Blattrandnekrosen an einer Gurke – entstehen durch Kalimangel.

3 Besonders in der kühlen Jahreszeit kann an Rettich Magnesiummangel auftreten.

4 Blattrandnekrose an Salat, diesmal hervorgerufen durch Stickstoff- und Chlorüberschuß.

6 Die Blattrandnekrosen an diesem Möhrenblatt wurden durch Kalimangel verursacht.

7 Magnesiummangel an Buschbohnen.

schen den leichten Sandböden und den schweren Lehmböden. Bei den leichten Böden kann man sehr bald nach einem Regen wieder auf ihnen arbeiten, sie erwärmen sich schneller, sind leicht zu bearbeiten und benötigen allerdings viele Nährstoffe und haben eine schlechte Wasserhaltung.
Bei schweren Böden ist nun meistens ganz das Gegenteil der Fall. Nach einem Regen kann man sie lange nicht betreten, sie erwärmen sich schwer, benötigen dafür aber weniger Nährstoffe und weniger Wasser. In trockenen Jahren bieten sie den Vorteil der guten Wasserhaltung. Ein idealer Gemüseboden hat eine lockere Struktur, in der sowohl der Wasser- und Wärmehaushalt als auch der Gehalt an Bodenluft den Bedürfnissen der Pflanzen entsprechen. Solch ein idealer Boden besteht zu 50% aus der Bodensubstanz (mineralische und organische Bestandteile), zu 25% aus den kleineren Poren, die mit Wasser gefüllt sind, und zu weiteren 25% aus größeren, mit Luft gefüllten Poren.
Der pH-Wert, der Säuregrad eines Bodens, ist von der Bodenart, d. h. von dem Gehalt des Bodens an Tonteilchen, abhängig. Wie aus der Tabelle auf Seite 114 zu sehen, liegen die Ansprüche der Gemüsearten in bezug auf den pH-Wert zwischen 5,5 und 7,8, wobei es bei den verschiedenen Gemüsen keine allzu großen Unterschiede gibt. Generell kann man sagen, daß alle Gemüsearten für reichliche Zufuhr jeglicher organischer Substanz zum Boden dankbar sind, wobei lediglich mit frischem Stallmist, egal von welcher Tierart, vorsichtig umgegangen werden sollte. Durch intensiven Gemüseanbau werden die Böden nachhaltig verbessert, da die Ernterückstände noch zusätzlich zu der organischen Düngung den Humusgehalt erhöhen.
Eine Bodenbearbeitung soll dazu beitragen, daß sich die Qualität des Bodens steigert. Dabei sollte man wissen, daß es um so besser für die biologische Aktivität in einem Boden ist, je weniger häufig er bearbeitet wird. Die Bodenbearbeitung soll die Bodengare fördern, wobei vor allem die Bodenlockerung wichtig ist. Diese Bodenlockerung, die im Gemüsegarten am besten durch flaches Hacken oder bei gut mit Humus versorgtem Boden auch durch

Phosphormangel an Tomate – bläuliche Verfärbungen und »Starrtracht«.

Angaben über Düngerbedarf und sonstige Ansprüche verschiedener Gemüsearten

Gemüseart	pH-Bereich	Starkzehrer						Bemerkungen
		Kalk-bedarf	Aufwandmenge an Nährstoffen je 100 m^2 in Gramm					
			N	P_2O_5	K_2O	MgO	CaO	
Wirsing	6,0–7,5	hoch	1200	500	2000	500	3000	Zweite Kopfdüngung bis zum Schließen des Bestandes. Frühsorten auf leichte Böden, späte mehr auf schwereren Böden. Reichlich Humusdünger ist von Vorteil. Wegen Übertragung von Krankheiten Kohl nur alle 4 Jahre auf gleicher Fläche anbauen.
Blumenkohl	6,5–7,5	hoch	1800	900	2700	500	3000	Startdüngung vor der Pflanzung, Düngermenge in 3 Gaben, viel Humusdünger verwenden und gut wässern. Gilt für alle Kohlarten!
Rosenkohl	6,5–7,5	mittel	1800	900	2700	500	2000	Grunddüngung vor dem Pflanzen und 2 Kopfdüngungen.
Grünkohl	6,0–7,5	mittel	1200	800	1800	500	2000	Düngung in 2 Gaben: kurz nach dem Auflaufen und in der Mitte der Kultur.
Kohlrabi	6,0–7,5	hoch	1000	800	1800	500	3000	Boden nicht austrocknen lassen; 2 Düngergaben: 1 Woche nach der Pflanzung und 14 Tage vor der Ernte.
Sellerie	6,5–7,5	mittel	1600	1000	2500	200	2000	Je $^1/_3$ des Düngers vor der Bestellung und je $^1/_3$ im Juli und im August.
Rotkohl Weißkohl	6,0–7,5 6,0–7,5	hoch hoch	1200 1200	500 500	200 200	500 500	3000 3000	2 Kopfdüngungen, beim Schließen des Bestandes viel Humusdünger erwünscht. Hoher Wasserbedarf während der gesamten Kulturzeit.
Porree/ Lauch	6,0–7,5	mittel	2000	1000	3000	200	2000	Stallmist schon im Vorjahr ausbringen wegen der Zwiebelfliege. Düngermenge auf 3 Gaben verteilen.
Gurken	6,0–7,5	mittel	1500	1200	2400	100	2000	Salz- und chlorempfindlich. Sehr viel organischen Dünger, 3000 g je 100 m^2, am besten Horn-, Knochen-, Blutmehl. Kali muß chloridarm sein. Boden sollte leicht erwärmbar und locker sein. Nur alle 4 Jahre auf gleicher Fläche und

Mangelerscheinungen beheben

Tomaten	5,5–7,5	mittel	1500	1000	3000	300	2000	Düngermenge sollte auf 3 Gaben aufgeteilt werden, wobei im Juli bis August besonders großer Bedarf an Dünger und Wasser herrscht.
Gemüseart	pH-Bereich	Mittelzehrer						Bemerkungen
		Kalkbedarf	Aufwandmenge an Nährstoffen je 100 m^2 in Gramm					
			N	P_2O_5	K_2O	MgO	CaO	
Möhren	6,5–7,5	mittel	800–1200	800	2400!	200	2000	Bevorzugt werden tiefgründige Sandböden oder sandiger Lehm. Pflanze ist empfindlich gegen Kälte, je wärmer der Boden, desto höher ist Karotingehalt. Kalidüngung ist für Qualität sehr wichtig. Dünger auf 3 Gaben verteilen! Vorsicht mit frischem Mist. Er fördert den Befall mit Möhrenfliege.
Zwiebeln	6,5–7,7	mittel	1000	800	2000	200	2000	Sofern der Boden organisch gedüngt wurde, erst 1 Jahr später Zwiebeln anbauen, sonst Gefahr der Mastigkeit. Dünger je zu $^1/_2$ zur Saat und zu $^1/_2$ Mitte Juni. Kalidünger sollten wenig Chlor enthalten bzw. davon frei sein. Im Hausgarten Steckzwiebelanbau vorherrschend.
Spinat	6,2–7,5	mittel	1200	600	1400	200	2000	Organische Düngung nicht nötig: bei kurzer Vegetationszeit in relativ kaltem Boden muß Mineraldünger leicht verfügbar sein. Frühjahrsspinat sollte Februar/März und Herbstspinat nicht vor dem 1. 8. in den Boden kommen.
Rettich	5,5–7,0	gering	bis 1000	800	1800	100	1000	Gut humoser Boden, nährstoffreich und gute Wasserversorgung. Düngung auf 2–3 Gaben verteilen.
Radieschen	5,5–7,0	gering	400	300	800	–	1000	Wenn Radieschen als Zwischenkultur angebaut wird, kann auf Dünger verzichtet werden. Bewässerung ist aber wichtig! Boden möglichst humos und locker.

Mangelerscheinungen beheben

Gemüseart	pH-Bereich	Schwachzehrer							Bemerkungen
		Kalkbedarf	Aufwandmenge an Nährstoffen je 100 m^2 in Gramm						
			N	P_2O_5	K_2O	MgO	CaO		
Buschbohnen	5,5–7,5	mittel	400	600	1200	200	2000		$^1/_3$ der Düngung im Saatbeet, $^2/_3$ in der Zeit zwischen Beginn der Blüte und der Ernte. Sandige Lehmböden sind besonders gut geeignet.
Stangenbohnen	5,5–7,5	mittel	800	800	1600	200	2000		s. o.
Markerbsen	6,0–7,5	mittel	400	600	800	100	2000		Sandige Lehm- und Lößböden.
Kopfsalat	5,5–7,5	mittel bis gering	800	800	1500–2000	150	500		Keine organische Düngung, salzempfindlich! Bei gut gedüngter Vorfrucht ganz auf Düngung verzichtet werden.
Petersilie	6,0–7,5	mittel	1000	800	1600	100	1000		Nährstoffreicher Lehmboden und lehmiger Sand.

1

2

3

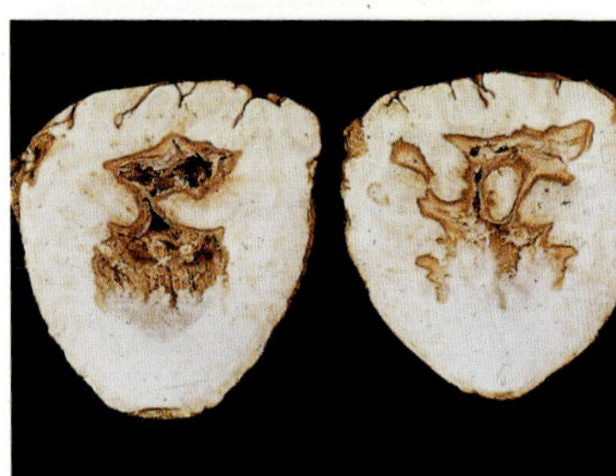
4

1 Blumenkohlblätter mit verschieden starkem Kalimangel.

2 Magnesiummangel an Sellerieblättern, das mittlere ist gesund.

3 Manganmangel an Buschbohne.

4 Braunherzigkeit an Sellerieknollen, hervorgerufen durch Bormangel.

eine Bodenfräse durchgeführt werden kann, fördert das Bodenleben und wirkt sich positiv auf die Freisetzung von Nährstoffen aus, da der Luft-, Wärme- und Wasserhaushalt des Bodens positiv beeinflußt wird.
Ein ganz wichtiges Instrument der Bodenpflege ist das Mulchen. Dieses Bedecken des Bodens mit organischer Substanz fördert das Bodenleben, damit die Bodengare und verringert den Wasserverbrauch. Es kommt bei diesem Verfahren außerdem zu einer leichten Erhöhung der Bodentemperatur.
Als beste und einfachste Art des Mulchens hat sich in den letzten Jahren die kompostierte Nadelholzrinde durchgesetzt. Durch die in ihr enthaltenen Anteile an Phenol und einigen anderen keimhemmenden Substanzen wird der Bewuchs mit »Wildkräutern« (Unkraut) stark gehemmt, so daß es zu einer erheblichen Arbeitserleichterung kommt. Beim Einkauf von Rindenhumus sollte man darauf achten, daß der Hersteller Mitglied in der Gütegemeinschaft Rindenhumus ist, da die Produkte dieser Firmen ständig überwacht werden.

Anzucht oder Aussaat?
Bereits im Winter kann man mit der Anzucht von Jungpflanzen aus Samen beginnen. Im Samenfachhandel wird eine Vielzahl von Saaten angeboten, auf deren Packungen das Vorgehen bei der Aussaat genau beschrieben wird, so daß wir uns hier Einzelheiten ersparen können. Jungpflanzen werden ebenfalls in jedem Jahr in den Fachgeschäften und auf Wochenmärkten in großer Zahl angeboten, und wer sich speziell mit Gemüsebau befassen möchte, dem empfehlen wir eines der vielen Fachbücher unseres Verlages, da dieses Thema den Rahmen dieses Buches sprengen würde.

Vorfrucht oder Gründüngung
Da sich für den Gemüsegarten die reichliche Zufuhr organischer Substanz als sinnvoll gezeigt hat, haben wir für Sie in der Tabelle auf Seite 114 die für Gemüse geeigneten Gründüngungspflanzen zusammengestellt.

Angaben zu einzelnen Gemüsearten
In der Tabelle auf Seite 114 haben wir Ihnen die wichtigsten Angaben über pH-Wert, Kalkbedarf, Bodenanspruch und Düngerbedarf der einzelnen Gemüsearten zusammengestellt. Außerdem finden Sie in dieser Tabelle eine Zusammenstellung der Nährstoffentzüge einiger Gemüsearten.

Durchschnittliche Erntemenge und Entzüge bei Gemüse

Gemüseart	Ø Erntemenge g/1 m²	Entzüge in g/1 m²				
		N Stickstoff	P Phosphor	K Kali	Ca Calcium	Mg Magnesium
Rosenkohl	100	20	4	25	15	1,5
Kohlrabi	200	5,5	0,7–1,2	4,0–6,0	2,0–4,0	0,4–0,6
Grünkohl	350	5,5	0,7–1,2	4,0–6,0	2,0–4,0	0,4–0,6
Blumenkohl	350	5,5	0,7–1,2	4,0–6,0	2,0–4,0	0,4–0,6
Wirsingkohl	350	5,5	0,7–1,2	4,0–6,0	2,0–4,0	0,4–0,6
Rotkohl	400	5,5	0,7–1,2	4,0–6,0	2,0–4,0	0,4–0,6
Weißkohl	600	3,5	0,7–1,2	4,0–6,0	2,0–4,0	0,4–0,6
Kopfsalat	300	2,5	0,5–0,8	4,0	1,2	0,3
Spinat	250	4,5	0,5–0,8	4,0	1,2	0,8
Möhren/Karotten	400	3,0–5,00	0,7–1,2	4,0–6,0	2,0–3,0	0,6–1,0
Rote Beete	400	3,0–5,0	0,7–1,2	4,0–6,0	2,0–3,0	0,6–1,0
Rettich	250	3,0–5,0	0,7–1,2	4,0–6,0	2,0–3,0	0,6–1,0
Schwarzwurzeln	250	3,0–5,0	0,7–1,2	4,0–6,0	2,0–3,0	0,6–1,0
Sellerie	250	3,0–5,0	0,7–1,2	4,0–6,0	2,0–3,0	0,6–1,0
Radieschen	150	3,0–5,0	0,7–1,2	4,0–6,0	2,0–3,0	0,6–1,0
Zwiebeln	300	3,0	0,7	4,0	1,5	0,5
Porree	300	3,0	0,7	4,0	1,5	0,5
Gurken	250	2,5	0,8	4,0	2,0	0,3
Tomaten	400	2,5	0,4	0,3	2,0	0,3
Kürbis	900	0,5	0,4	0,3	0,1	0,1
Buschbohnen	140	9,0	1,0	6,0	7,0	1,2
Stangenbohnen	180	9,0	1,0	6,0	7,0	1,2
Rhabarber	700	4,0	1,0	5,0	3,0	0,5
Spargel	70	30,0	4,0	22,0	14,0	2,0

Optimaler pH-Wert: 6–6,5

Ausgewählte Heil- und Gewürzpflanzen

Pflanze	Ansprüche an Bodenreaktion etc.	Düngung g/1 m²
Majoran	neutral, salzempfindlich	80–100 N 20– 30 P 70–100 K
Pfefferminze	gedeiht fast überall, bevorzugt humusreiche, feuchte Böden	
Melisse	hohe Düngung zweckmäßig, gegen Kopfdüngung empfindlich	
Gartensalbei	kalkhaltige, durchlässige Böden, frostempfindlich	
Thymian	anspruchslos, auch auf steinigen Böden	
Echte Kamille	schwach sauer, vor allem N- und K-Düngung	60– 80 N 20– 30 P 70–100 K
Lavendel	neutral, P-Düngung betonen	
Kümmel	neutral, relativ viel N	100–150 N 30 P 100 K
Fenchel	neutral, Nitrat-N optimal	
Koriander	neutral, empfindlich gegen Kopfdüngung	
Baldrian	schwach sauer, mäßige Düngung optimal	80 N, 30 P, 100 K

◁ In diesem Gemüsegarten scheint die Ernährungssituation sehr gut zu sein.

Azaleen und Rhododendron

Heute spricht man nur noch von Rhododendron, da die Azaleen botanisch gesehen auch dazu gehören.
Man bezeichnet diese Pflanzen auch als Moorbeetpflanzen, womit schon deutlich wird, was für einen Boden diese Pflanzen lieben. Er sollte leicht sauer sein und recht viel Torf enthalten. Diese Moorbeetpflanzen sind übrigens die einzigen Pflanzen in Ihrem Garten, denen Sie uneingeschränkt Torf geben dürfen. Das Problem bei Moorbeetpflanzen besteht darin, daß der Standort im Garten nach einiger Zeit zu wenig sauer ist, so daß die Moorbeetpflanzen zu kränkeln beginnen.
Da Moorbeetpflanzen einen großen Wert darstellen, sollte man jährlich den pH-Wert messen, um für einen entsprechend sauren Boden zu sorgen. Eine der Möglichkeiten für die Versauerung des Bodens besteht in der Bedeckung des Bodens der Moorbeetpflanzen mit Kiefern- und Tannennadeln, die normalerweise in einem Garten eben wegen des versauernden Einflusses auf den Boden herausgekehrt werden. Eine andere Möglichkeit ist die Verwendung von schwefelsaurem Ammoniak bzw. eines der vielen im Handel angebotenen Spezialdüngerpräparate für Moorbeetpflanzen. Eine generelle Empfehlung für die zu verwendende Menge kann auf Grund der unterschiedlichen Größen der Pflanzen nicht gegeben werden, die Menge kann von 15–20 kg je Pflanze bei großen, alten und fest eingewurzelten Rhododendren bis hin zu nur 150 g je Pflanze bei Kleinsträuchern schwanken. Generell sollte die Düngung in mehreren Abschnitten durchgeführt werden, d. h. je $^1/_4$ der Düngermenge Mitte März/ Anfang April, Ende Mai, Mitte Juli und spätestens noch einmal Ende August. Vor allem die letzte Düngung sollte Kali enthalten, um die Frostbeständigkeit der Moorbeetpflanzen zu verbessern. Vor Eintritt des Winters ist außerdem gründlich täglich zu wässern, da viele Moorbeetpflanzen im Winter schlicht verdursten. Das Wässern kann an frostfreien Tagen auch im Winter durchgeführt werden.

Kalkchlorose an Rhododendron – der pH-Wert ist hier offensichtlich zu hoch.

Stauden

Es dürfte allgemein bekannt sein, daß die meisten Stauden zu den anspruchslosen Gartenpflanzen gehören.
Das heißt aber nicht, daß man Stauden wahllos überall und in jeden Boden pflanzen kann, da es sehr darauf ankommt, wie dieser Boden für die Pflanze vorbereitet wurde. Die gute Vorbereitung des Pflanzgrundes und eine sachgemäße Düngung sind die Voraussetzungen für ein gesundes Wachstum und für ein langes Blühen.
Während Wildstauden im allgemeinen weniger anspruchsvoll sind, ist das oben Gesagte Voraussetzung für einen Erfolg bei den züchterisch verbesserten Prachtstauden, d. h. z. B. bei allen Phloxarten, Rittersporn und *Helenium* (Sonnenbraut).
Da es eine große Zahl verschiedener Staudenarten gibt, ist es erforderlich, daß bei der Pflege und bei der Düngung auf ihre natürlichen Bodenansprüche Rücksicht genommen wird. So ist es wohl einsichtig, daß man mit Pflanzen, die keinen kalkhaltigen Boden mögen, auf ebensolchen kalkhaltigen Böden kaum Erfolge wird erzielen können. Andererseits kann man kalkliebende Pflanzen nicht auf sauren Böden halten. Die sind Grundsätze, die immer zu beachten sind. Eine gesunde Staude im Garten ist also in erster Linie von der richtigen Bodenart und der richtigen Bodenstruktur für die jeweilige Staude abhängig.

Baccara-Rose mit Molybdänmangel.

Nun ist es glücklicherweise so, daß die Mehrzahl aller Gartenstauden auf neutralen, leicht alkalisch oder leicht sauren Böden gut wachsen. Wichtig für das gesunde Wachstum der Stauden ist, daß der Boden gut durchgelockert ist und daß er gut durchlüftet wird. Eine schonende Bearbeitung des Bodens, möglichst mit der Hand, ist auf alle Fälle zu empfehlen.
Als Grundversorgung für die Ernährung der Stauden kommen alle Arten von Humusdünger in Frage. Vor allen Dingen sind Böden, auf denen Stauden wachsen, für reichliche Kompostgaben dankbar. Auch an-

◁ Stauden haben im allgemeinen relativ niedrige Nährstoffansprüche.

Mangelerscheinungen beheben

dere Naturdünger auf Basis Horn-, Knochen-, Blutmehl sind als Grunddünger für Staudenpflanzen zu empfehlen, z. B. Oscorna.
Auch wenn man es nicht für möglich halten sollte, so muß gesagt werden, daß die mit Stauden bepflanzten Böden sehr intensiv beansprucht werden. Stauden entziehen dem Boden mehr Nährstoffe, als man im allgemeinen glaubt, so daß vor allen Dingen auf eine reichliche Humuszufuhr für solche Böden geachtet werden muß.
Mineraldünger sollte man bei Stauden nur sehr, sehr sparsam anwenden und sie nur dann mit diesen Pflanzennährstoffen versorgen, wenn die Stauden auch in der Lage sind, diesen Dünger aufzunehmen. Das heißt, Mineraldünger dürfen nicht zu früh oder nicht zu spät in den Boden eingearbeitet werden. Am zweckmäßigsten verwendet man für die mineralische Düngung einen Volldünger, in dem die drei Hauptnährstoffe Stickstoff, Phosphor und Kali enthalten sind. Diese Dünger werden heute alle gekörnt geliefert und sind daher bei jedem Wetter streufähig. Als Faustregel für die Verwendung von Mineraldün-

In einem buntgemischt bepflanzten Bauerngarten werden dem Boden nicht einseitig Nährstoffe entzogen.

gern sollte man sich 40–50 g/m^2 je Düngung merken. Es ist sinnvoller, zwei- oder dreimal im Laufe der Wachstumsperiode eine Nachdüngung durchzuführen, als im zeitigen Frühjahr eine große Gabe Mineraldünger auf einmal zu verabreichen. Das hat nachteilige Folgen für die Gesundheit der Pflanze, da sie dann zu sehr zum Wachsen angeregt wird und geiltriebig wird. Auch eine zu späte Nachdüngung mit Mineraldüngern muß vor allen Dingen vermieden werden, und hier sollte als Regel für den Gartenfreund gelten, daß nach dem Monat August Staudenpflanzen auf keinen Fall mehr mit Stickstoffhaltigen Mineraldüngern gedüngt werden sollen. Dies hat den Vorteil, daß die Stauden ihr Wachstum abschließen und mit nicht zu weichem Gewebe in den Winter gehen. Wird zu einem späteren Zeitraum noch Mineraldünger verabreicht, so ist eine Erkrankung der Stauden vorprogrammiert, und da eine eingewachsene Staudenpflanzung für jeden Garten eine Zierde ist und es im allgemeinen einige Jahre dauert, bis sie schön aussieht, ist es verständlich, daß der Gartenfreund sich die Neuanlage, um die er bei einer unsachgemäßen Pflege nicht herumkommt, nach Möglichkeit ersparen sollte.
Die Schadbilder bei falsch versorgten Stauden ähneln denen anderer Kulturpflanzen. So führt z. B. eine Unterversorgung mit Stickstoff und Magnesium zu einer hellgrünen Verfärbung, auch eine Kaliunterversorgung macht sich in einer blaßgrünen Farbe bemerkbar. Sie werden aus den Schadbildern, die wir in diesem Buch veröffentlichen, sehr leicht erkennen können, welche Art von Ernährungsstörungen bei Ihren Stauden vorliegt.

Register

A

Algenkalk 50, 57
Aluminium 41
Anwendung von Gründüngung 84
Aristoteles 15
Auswaschung 27 ff.
Azaleen 121

B

Basaltmehl 50
Baustoffwechsel 19
Beerenobst 99, 108 ff.
Bentonit 50
Betriebsstoffwechsel 19
Biologisch-Dynamische Wirtschaftsweise 75
Bioturbation 17
Bittersalz 95
Blattanalyse 99 ff.
Blaukorn 50
Blutmehl 49 ff.
Böden 9 ff.
Bodenanalyse 44
Bodendünger 49
Bodenstruktur 21
Bodenverbesserung 14 ff.
Bor 36
Branntkalk 57

C

Chlor 39
Chlorophyll 17
Chlorose 43
C/N Verhältnis 77

D

Dauerhumus 21
Depotdünger 51
Düngemittelersatz 49
Düngen 87 ff.
Düngervergleich 66 ff.
Durchlüftung 21

E

Edaphon 15, 18
Eisen 35
Erhaltungskalkung 56, 58
Ernährungsstörungen 41 ff.

F

Federn 49 ff.
Fertigkompost 77

G

Gelbkorn 53
Gemüse 111 ff.
Gerbstoffe 20
Gesteinsmehle 59
Gesundungskalkung 81 ff., 101
Grünkorn 53
Guano 50
Gülle 49

H

Handelsdünger 49
Heilpflanzen 119
Hornmehl 49 ff.
Hüttenkalk 57
Humifizierung 15, 17
Huminsäuren 22
Humus 17
Humusstoffe 15, 22
Humustheorie 15

K

Kalidünger 55
Kalimagnesia 50
Kalimangel 88, 91
Kalium 27 ff.
Kalkdünger 56
Kalkmergel 57
Kalkstickstoff 50, 54
Kalzium 31 ff.
Kaninchenmist 64
Kernobst 104
Kieserit 95
Klee 82
Knochenmehl 49 ff.
Kobalt 41
Kohlenhydrate 17
Kohlendioxyd 7 ff.
Kompost 49, 69 ff.
Kompostbeschleuniger 76
Koniferen 91 ff.
Kuhmist 63
Kupfer 39

L

Laubgehölze 91 ff.
Lebendverbauung 11
Leguminosen 81 ff.
Licht 7 ff.
Lignin 18, 20
Lupinen 82

M

Magnesiumdünger 30, 31, 59
Mangan 38
Mangelsymptome, allgemein 43 ff.
Mangelsymptome, Obstbäume 102 ff.
Mehrnährstoffdünger 52
Mergel 49
Mikroorganismen 19
Mineraldünger 49
Mineralisierung 15, 17
Mineralstofftheorie 15
Mischkalk 57
Molybdän 40
Mulchen 101

N

Nadelanalyse 95 ff.
Nährelemente 8 ff.

Nährhumus 21
Nährstoffansprüche der Bäume 94
Nährstoffe 7ff.
Nährstoffentzug Apfelbäume 105
Natrium 40ff.
Naturdünger 49
Nekrosen 43
Nitrophoska 53

O

Obstbäume 99
Ölrettich 82
Organische Dünger 60
Organisch-mineralische Dünger 65
Organische Substanz 14, 15

P

Pflanzendünger 49
Pferdemist 63
Phazelia 82
Phosphatmangel 88, 91
Phosphor 25ff.
Phosphordünger 55
pH-Wert 9ff., 58, 101
Pilze 88
Platterbse 82

R

Regenwurm 17
Rhododendron 121
Rohkompost 78
Rotkorn 53

S

Schafmist 64
Schalenobst 106ff.
Schweineborsten 49ff.
Schweinemist 64
Senf 82
Silizium 40
Siliziummangel 88
Speiseerbse 82
Spurenelemente 35ff.
Spurennährstoffdünger 59
Stauden 123ff.
Steinobst 104
Stickstoff 23ff.
Stickstoffdünger 53ff.
Stickstoffmangel 88, 91

T

Thaer, Albrecht von 15
Thomasmehl 50
Tierkörpermehl 49ff.
Torf 65

V

Viren 8
Verrottungsvorgänge 77

W

Weinreben 109
Wirtschaftsdünger 49, 63

Z

Zellulose 18
Ziegenmist 64
Zink 37

BLV Bücher – für Sie ausgesucht

BLV Garten- und Blumenpraxis 314

Peter F. C. Wolff

Der gesunde Gartenboden

Der Autor erläutert die Zusammenhänge zwischen Pflanzen, Boden, Bodentieren, Düngung und Bodenpflege, die beim Gärtnern zu beachten sind. Er geht dabei auf Techniken der Bodenbearbeitung ein, behandelt Kompostieren, Mulchen und spezielle Bodenverbesserungsmittel.

2. Auflage, 126 Seiten, 96 Farbfotos, 13 s/w-Fotos

BLV Garten- und Blumenpraxis 311

Helga Fritzsche

Gemüseanbau im eigenen Garten

Die Autorin beschreibt 46 Gemüsearten mit ihren zahlreichen Sorten und gibt alle wichtigen Tips für den erfolgreichen Anbau: spezielle Ansprüche, Bodenpflege, Düngung, Pflanzenschutz, Ernteverfrühung u. v. m.

2. Auflage, 126 Seiten, 85 Farbfotos, 12 s/w-Fotos, 63 Zeichnungen

BLV Garten- und Blumenpraxis 335

Rainer Berling

Nützlinge und Schädlinge im Garten

Die wichtigsten Nützlinge und häufigsten Schädlinge, vorgestellt durch Farbfotos und beschreibende Texte; Entwicklungsstadien und Wechselbeziehungen der beiden Gruppen; Methoden des biologischen und integrierten Pflanzenschutzes.

127 Seiten, 133 Farbfotos, 7 farbige Zeichnungen

Marie-Luise Kreuter

Der Bio-Garten

Das Standardwerk des biologischen Gärtners: Grundlagen und praktische Tips zu Themen wie z. B. Mulchen, Fruchtwechsel, Mischkulturen, Pflanzenschutz, Düngung auf natürlicher Basis u. a. In den Kapiteln »Nutzgarten« und »Ziergarten« erhalten Sie spezielle Anleitungen zu Aussaat, Pflanzung, Pflege und Ernte.

9. Auflage, 400 Seiten, 129 Farbfotos, 32 s/w-Fotos, 269 Zeichnungen

BLV Verlagsgesellschaft München